Hildegard Hobmaier, Jutta Richter

Praxis- und Methodenlehre Hauswirtschaft

für die Kinderpflege

Stam 5080.

www.stam.de

Stam Verlag
Fuggerstraße 7 · 51149 Köln

ISBN 3-8237-**5080**-1

Inhaltsverzeichnis

Vorwort

Dieses Buch beabsichtigt, die angehende Kinderpflegerin bei hauswirtschaftlichen Tätigkeiten mit den ihr anvertrauten Kindern sowohl durch Vermittlung methodischer Grundlagen als auch durch konkrete Praxisbeispiele zu unterstützen.

Bei der konkreten Anwendung gilt es, die Inhalte der Hauptkapitel eins und zwei sinnvoll und für die Kinder anregend zu verknüpfen. Im Unterricht erproben sich die Schülerinnen meist im Rollenspiel – in der Regel mit gleichaltrigen Schülern und Schülerinnen. Es erscheint zunächst so, als wäre diese Vorgehensweise methodisch „leichter, unkomplizierter" als die Arbeit mit Kindern. Die Unterrichtspraxis zeigt jedoch, dass die „Demonstration" des hauswirtschaftlichen Angebotes gerade mit Mitschülern/Mitschülerinnen ein beachtliches Maß an Vorüberlegungen hinsichtlich der Methode erfordert, um eine lebendige, interessante und stimmungsvolle Atmosphäre zu schaffen.

 Zur Unterstützung der praktischen Unterrichtsgestaltung bieten wir in einem Materialheft Vorlagen an, anhand derer die Umsetzung der Aufgabenvorschläge erleichtert wird und zusätzliche Anregungen gegeben werden. Solche Aufgaben sind mit diesem Symbol ✄ gekennzeichnet. Das Materialheft kann unter der Bestell-Nummer Stam 5081 beim Verlag bestellt werden.

Wir wünschen den künftigen Kinderpflegerinnen viel Freude und zahlreiche kreative Ideen bei hauswirtschaftlicher Aktivität in Schule und Einrichtung.

Da die Ausbildung zur Kinderpflegerin vorwiegend von jungen Frauen aufgenommen wird, ist im Folgenden mehrheitlich von Kinderpflegerinnen, Schülerinnen usw. die Rede. Männliche Auszubildende mögen sich bitte ebenfalls angesprochen fühlen.

H. Hobmaier, J. Richter

München/Augsburg

Hauswirtschaftliche Angebote für Kinder

1.1 Die Bedeutung des hauswirtschaftlichen Angebotes in sozialpädagogischen Einrichtungen

In sozialpädagogischen Einrichtungen fallen hauswirtschaftliche Tätigkeiten in unterschiedlichem Umfang und in unterschiedlicher Form an, z. B. als:

„Routinearbeiten" – also in regelmäßigen Abständen wiederkehrende Arbeiten, wie das Spülen von Geschirr, das Säubern der Tische, das Tischdecken, das Zubereiten von einfachen Speisen und Getränken, das Kehren, das Waschen von Puppenkleidung, die Pflege von Zimmerpflanzen u.v.m. Ebenso:

„Gezielte Angebote" – also beabsichtigte, zielgerichtete Tätigkeiten, die bestimmte Anlagen der Kinder fördern und ihr Wissen erweitern sollen, wie das Zubereiten eines Obstsalates aus typischen Obstsorten der entsprechenden Jahreszeit, das Backen von Brot zum Erntedankfest, die Gestaltung einer Faschingsfeier im Kindergarten u.v.m.

Bei diesen Tätigkeiten bezieht die Kinderpflegerin die ihr anvertrauten Kinder möglichst mit ein.

Das Geschirrspülen – ein interessantes Erlebnis, bei dem viele neue Erfahrungen gemacht werden können:

Wasser rauscht und dampft, Spülmittel schäumt auf, Teller klappern, Metall blitzt usw.

Kinder übernehmen hauswirtschaftliche Tätigkeiten in der Regel gerne und erledigen sie gewissenhaft und konzentriert.

Alexandra hilft beim Spülen

Häusliche Tätigkeiten können Kindern positive Gefühle vermitteln, wie „sich geborgen fühlen", „nützlich und für etwas verantwortlich sein", etwas „Wichtiges für die Gruppe tun" usw.

In den Familien ergeben sich, bedingt durch Zeitmangel, seltener Gelegenheiten für die gemeinsame Erledigung hauswirtschaftlicher Arbeiten. Deshalb kommt diesem Aufgabenbereich in den Einrichtungen besondere Bedeutung zu.

Zitat Dr. Lothar Klein (Erziehungsberater):
„In der Kindheit werden die Grundlagen gelegt für das, was die Erwachsenen später gerne pathetisch **Arbeitsethos** nennen. Je mehr man einem Kind zutraut, und je öfter man ihm Gelegenheit gibt, sich zu erproben – ob es nun Kartoffeln schält, den Nähfaden durch das Nadelöhr fummelt, einkauft oder Schuhe putzt – desto sicherer wird es werden.

Wenn es dagegen immer wieder hört: „lass mich das lieber machen, das kannst du noch nicht, dazu bist du noch zu klein," wird es die Freude am Arbeiten generell früh verlieren und schließlich sich selbst nichts zutrauen.

Es wird sich, darf man annehmen, später vor ‚Aufgaben drücken' aus Angst, zu versagen."

Erfolgreich bewältigte Aufgaben, z. B. das selbstständige und komplette Tischdecken für die gemeinsame Pause, führen zu Anerkennung in der Gruppe, zu Lob und demzufolge zur Stärkung des Selbstbewusstseins.

Definition:
Arbeitsethos – Ethos = sittlich moralische Gesamthaltung
          pathetisch = übertrieben, gespreizt

(Duden, Die deutsche Rechtschreibung)

1. *Welche häuslichen Aufgaben sind Ihrer Meinung nach für Kindergartenkinder besonders motivierend? Beziehen Sie bei der Beantwortung dieser Frage Ihre Praxiserfahrungen aus der 10. Klasse mit ein.*

2. *Überlegen und diskutieren Sie weitere Gründe, weshalb Kinder bei häuslichen Tätigkeiten in der Familie unter Umständen nicht beteiligt werden.*

1.1.1   Wahrnehmen durch die Sinne

> Sinnliche Eindrücke und Erfahrungen durch das Sehen, das Riechen, das Tasten, das Schmecken, das Hören.

Die hauswirtschaftlichen Tätigkeiten bieten dem Kind vielfältige Möglichkeiten sinnliche Eindrücke zu sammeln und seine Erfahrungen im Umgang mit den Dingen des täglichen Lebens zu erweitern.

Gefühle, wie Neugierde, Staunen, Begeisterung, Freude usw. entstehen bei Kindern durch unmittelbare Sinneswahrnehmungen. Deshalb trägt sinnliches Erleben, wie das Riechen von Gewürzen, das Schmecken süßer Früchte, das Fühlen flauschiger Wolle usw. zur Steigerung der Motivation bei.

(vgl. Finkenzeller, A./u.a.: Praxis- und Methodenlehre Sozialpädagogik, 1998, S. 282)

Ziele	Sehen	Riechen	Schmecken	Tasten	Hören
Materialien und Gegenstände benennen und unterscheiden	Beispiel: Apfel, Kartoffel Wolle, Kunststoff	Beispiel: würzig, sauer holzig, erdig	Beispiel: süß, bitter lieblich, herb	Nach Größe, Form, Beschaffenheit. Beispiel: *Größe:* Rosine, Melone *Form:* Apfel, Banane *Beschaffenheit:* haarig, glatt	Beispiel: Porzellan klingt hell, kochendes Wasser sprudelt, Zucker knirscht
Typische Eigenschaften von Materialien und Gegenständen bestimmen	Beispiel: Banane – gelb Kiwi – außen braun, innen grün, Metalle – silbrig glänzend, Steinobst – Kernobst, Stiel – Stängel	Beispiel: frisches Brot, saure Zitrone, duftende Seife, nasse Wolle	Beispiel: hart – weich, mehlig – saftig, körnig – pulverig	Beispiel: Die Erdbeere ist weich – die Möhre ist hart, die Kiwi ist stachelig – die Melone ist glatt, das Brot ist knusprig – der Kuchen ist weich	Beispiel: Tropfen von Wasser, Splittern von Glas, Rotieren von elektrischen Schneebesen
Qualitätsmerkmale und -mängel feststellen	Beispiel: frisches Obst, krosse Brötchen, durchgeschmortes Kabel	Beispiel: faule Eier, fauliges Wassser, duftender Kuchen, schmorendes Kabel	Beispiel: frische Semmeln – altbackenes Brot, frische Milch – saure Milch	Beispiel: festes und welkes Obst und Gemüse, löchriges und geschlossenes Gewebe	Beispiel: stumpfe und gut schneidende Klinge; frisches, knuspriges und altes, hartes Brot
Emotionen zeigen und ausdrücken	Beispiel: „Mir läuft das Wasser im Mund zusammen!"		Beispiel: „Das schmeckt gut!"	Beispiel: „Das fühlt sich gut an!"	Beispiel: „Das klingt gut!"

Praxis-Beispiele	Spiel zum Sehen:	Spiel zum Riechen:	Spiel zum Schmecken:	Spiel zum Tasten:	Spiel zum Hören:
	„Augen auf und aufgepasst mit Früchten"	„Schnüffelnase"	„Schleckermaul"	„Fühlbox"	„Hör doch mal"
	Auf ein Tablett werden verschiedene Früchte gelegt, die sich die Kinder in Ruhe anschauen. Sie versuchen, sich möglichst viele zu merken. Nun wird das Tablett mit einem Tuch zugedeckt. Wie gut war das Gedächtnis?	Jedes Kind bekommt einen mit gelöchertem Butterbrotpapier und Gummiband verschlossenen Jogurtbecher, in dem sich etwas Duftendes befindet. Immer zwei Kinder tragen Becher mit dem gleichen Duft – ob sie sich finden?	Die Kinder bekommen mit verbundenen Augen nach und nach verschiedene vorbereitete Häppchen zum Probieren: etwas Süßes und Salziges, Saures und Fruchtiges, Hartes und Weiches. Je größer die Kontraste, um so spannender das Spiel. Wird erkannt, was es ist?	Ein nicht zu kleiner, stabiler Pappkarton wird mit der Öffnung nach oben auf den Tisch gestellt. In eine der breiteren Vorderseiten werden nebeneinander zwei Löcher geschnitten, die gerade groß genug sind, um eine Hand hindurchstecken zu können. Der Karton wird mit verschiedenen Gegenständen gefüllt und verschlossen.	Auf einen Cassettenrekorder werden verschiedene Geräusche zusammen mit den Kindern aufgenommen. Am nächsten Tag wird die Cassette abgespielt und alle Kinder versuchen sich so viele Geräusche wie möglich zu merken. Nach 20 Geräuschen wird abgeschaltet und reihum wird genannt, was erkannt wurde.
		S. auch Soz.päd.: „Montessori Riechdosen"		Nacheinander greifen die Kinder mit beiden Händen durch die Öffnungen und ertasten die verborgenen Dinge.	S. auch Soz.päd.: „Montessori Geräuschdosen"

(Baum, H.: Spielen mit allen Sinnen, 1996)

Aufgabe

Finden Sie drei geeignete Spiele für den Bereich Hauswirtschaft zur Förderung der Sinne.

1.1.2 Zielsetzungen

Wenn eine Aktivität, z. B. das wöchentliche gemeinsame Frühstück, mit den Kindern gemeinsam geplant wird, sollen damit bestimmte Ziele erreicht werden.
„Dabei wird unterschieden zwischen **Grobziel** und **Feinziel**."

Aus dem Grobziel wird ein Feinziel abgeleitet. Das Grobziel kann mehrere und unterschiedliche Erziehungsbereiche betreffen. So trifft Grobziel eins beispielsweise auch für die Planung und Durchführung eines Projektes zu, z. B. eines Theaterspieles. Das Grobziel beschreibt eine Erziehungsabsicht **allgemein**. Das Feinziel ist dagegen spezieller formuliert. Es beschreibt, wie Kinder in bestimmten Situationen konkret handeln sollen.

(vgl. Finkenzeller, A./u.a.: Praxis- und Methodenlehre Sozialpädagogik, 1998, S. 268)

Unter Materialien verstehen die Autorinnen in diesem Zusammenhang alles, womit die Kinder „zu tun haben", z. B. Lebensmittel, Textilien, Reinigungsmittel usw.

Beispiele für Grobzielbeschreibungen	Beispiele für Feinzielbeschreibungen
1. Die Kinder erfahren, dass bestimmte Arbeitsvorgänge einer Planung bedürfen.	Die Kinder backen Plätzchen für die Weihnachtsfeier: – Am Vortag bereiten sie unter Anleitung der Kinderpflegerin die Zutaten für den Teig vor, – dabei überprüfen sie den vorhandenen Lebensmittelvorrat, – sie wählen geeignete Ausstechformen und Bleche aus.
2. Die Kinder erkennen die Notwendigkeit einer sinnvollen Arbeitsreihenfolge.	– Sie bereiten den Arbeitsplatz unter Anleitung der Kinderpflegerin selbstständig vor. Dabei achten sie auf die Vollständigkeit von Zutaten und Geräten, – sie kochen oder backen nach Rezept, s. Bildtafel Kap. 1.4.
3. Die Kinder achten auf sachrichtige Benennungen von Materialien, Gegenständen und Tätigkeiten.	– Sie benennen und erkennen unterschiedliche Materialien, z. B. Obst: der Apfel, die Kiwi, die Nektarine usw., z. B. Textilien: die Wolle, der Faden, das Garn usw., – sie *fetten* die *Springform* mit dem *Backpinsel*, sie *raspeln* die *Rübe* mit der *Reibe*, – sie *rühren* den *Rührteig*.

4. Die Kinder erfahren typische Materialeigenschaften.	– Sie ordnen Früchten typische Eigenschaften zu, z. B. *der Apfel* ist hart, rund, glattschalig, grün oder gelb, süß oder säuerlich, – sie ordnen Textilien typische Eigenschaften zu, z. B. *die Wolle* ist weich, flauschig, kuschelig, kratzig, bunt, – sie ordnen Haushaltsmaterialien typische Eigenschaften zu, z. B. *das Glas* ist hart, durchsichtig, zerbrechlich, scharf, es schneidet, es ist leicht oder schwer.
5. Die Kinder lernen verschiedene Maßeinheiten kennen.	– Sie wiegen mit der Waage, – sie messen mit Löffeln, Tassen und dem Messbecher ab, – sie nehmen eine Prise Salz zwischen Zeigefinger und Daumen.
6. Die Kinder erwerben praktische Fertigkeiten in unterschiedlichem Umfang.	– Sie zerdrücken, zermusen z. B. die Bananen (einfache Fertigkeiten), – sie schneiden, schälen, reiben, raspeln, z. B. Obst und Gemüse (gesteigerte Fertigkeiten), – sie spülen Glas, Porzellan und Besteck ab.
7. Die Kinder erleben zeit- und kraftsparende Arbeitsweisen als Arbeitserleichterung.	– Sie stechen Plätzchen systematisch aus einer Teigplatte aus, – sie halten beim Vorbereiten von Obst und Gemüse eine überlegte Arbeitsreihenfolge ein: alles waschen, alles putzen, alles zerkleinern.
8. Die Kinder führen unterschiedliche Arbeitsweisen aus, dabei lernen sie technische Geräte zur Arbeitserleichterung kennen, einzusetzen und zu schätzen.	– Sie kneten einen Mürbeteig mit den Händen, – sie rühren einen Rührteig mit dem elektrischen Rührgerät, – sie zermusen eine Banane mit der Gabel oder dem Pürierstab.
9. Die Kinder erkennen mögliche Unfallgefahren bei hauswirtschaftlichen Tätigkeiten.	– Sie handhaben das Messer sicher, – sie beachten die Bedienungsanleitung für das elektrische Rührgerät. Sie benutzen elektrische Geräte nur unter Anleitung und Aufsicht eines Erwachsenen.
10. Die Kinder beachten Hygieneregeln für sich und im Umgang mit Lebensmitteln.	– Sie waschen vor Arbeitsbeginn generell die Hände, – sie schmecken mit zwei Löffeln ab.
11. Die Kinder erkennen, dass Ordnen und Sortieren Arbeitserleichterung und Zeitersparnis bedeuten.	– Sie stellen Geschirr geordnet zum Abspülen auf den Servierwagen, – sie räumen verwendete Geräte an den dafür vorgesehenen Platz zurück.

12. Die Kinder erproben Geruchs- und Geschmacksqualitäten.	– Sie riechen und schmecken Kräuter und beschreiben mit treffenden Worten den Geschmack, wie bitter, scharf, brennend, mild usw.
13. Die Kinder nehmen Geräusche, die bei Arbeitsvorgängen, entstehen wahr.	– Sie vergleichen kochendes mit nicht kochendem Wasser, – sie hören Funktionsschäden bei der Verwendung elektrischer Geräte, z. B. falsch eingesetzte Rührstäbe beim elektrischen Rührgerät.
14. Die Kinder „begreifen" die Beschaffenheit von Materialien.	– Sie fühlen: *griffiges* Mehl, *körniges* Salz, *geschmeidiges* Fett, *borstige* Besen, *rutschige* Waschlösung.
15. Die Kinder erfahren, dass Arbeitsvorgänge einem Rhythmus unterliegen können.	– Sie *kneten* den *Teig*, – sie *waschen* die *Wäsche*, – sie *hacken* die *Erde*.
16. Die Kinder nehmen ästhetische Qualitätsmerkmale wahr.	– Sie erkennen frisches und überlagertes Obst und Gemüse an typischen Kennzeichen, wie Druckstellen, Geruch usw., – sie schmecken, dass zu dunkel Gebackenes nicht schmackhaft ist.
17. Die Kinder erleben Freude über eine selbst gefertigte Arbeit.	– Sie backen und verzieren Weihnachtsplätzchen und richten einen Plätzchenteller für zu Hause, – sie säen Kresse, sehen wie sie durch ihre Pflege wächst und bereiten damit Kräuter-Butterbrote für die Gruppe zu.

(Niederle, C.: Methoden des Kindergartens, Sonderdruck der Fachzeitschrift „Unsere Kinder")

Aufgaben

1. Was verstehen Sie unter Grobziel?

2. Was verstehen Sie unter Feinziel?

3. Formulieren Sie zu zwei angegebenen Grobzielen Ihrer Wahl jeweils zwei treffende Feinziele.

1.1.3 Vorschläge für hauswirtschaftliche Angebote

Folgende Bereiche bieten Möglichkeiten für hauswirtschaftliche Aktivitäten:

Ernährung und Gesundheit	Natur und Umwelt	Feste und Feiern	Besondere Ereignisse
Müsli Obstsalat Quark- und Jogurtspeisen süß und salzig Rohe Gemüse mit Dipsoßen Gemüsesuppe Brot backen Brotaufstriche Getränke	Säubern der Tische Kehren Geschirr spülen Waschen von Puppenkleidern Reinigen von Spielzeug Hausputz Mülltrennung Aussäen von Samen, Sprossen, Getreidekörnern Umweltgerechtes Verpacken von Pausenbroten und Getränken	**Kirchliche und traditionelle Feste:** *Erntedankfest:* Backen von Brot, Richten eines Brotkorbes *St. Martin 11.11.* Backen von Martinsgänsen aus Quarkölteig *Barbaratag 2.12.* Schneiden von Barbarazweigen, backen einer Barbaratorte *St. Nikolaus 6.12.* Backen von Nikolausstiefeln aus Honigteig *Weihnachten:* Backen von Weihnachtsplätzchen, Richten eines Plätzchentellers *Ostern:* Backen von Osterlämmern, Färben von Ostereiern	*Mitbringsel zum Krankenbesuch:* Kinderkonfekt *Ausflüge und Ferienreisen:* Belegte Brote Erfrischungsgetränk: Zitronenlimonade
		Feiern *Geburtstag:* Backen und Verzieren eines Marmorkuchens *Fasching:* Nudelsalat *Muttertag:* Tischgestaltung mit Blumenschmuck *Sommerfest:* Traubentee	

Diese Anregungen sind als Beispiele zu verstehen, wobei für Speisen und Getränke aus der Nahrungszubereitung die Grundsätze einer vollwertigen Ernährung gelten.

1. *Überlegen Sie in Rücksprache mit Ihrer Praktikumsanleiterin jeweils zwei geeignete Themen aus den oben genannten Bereichen, die für Hortkinder geeignet sind.*

Aufgaben

2. *Erkundigen Sie sich, ob die Zubereitung ausländischer Gerichte in Ihrer Einrichtung üblich ist.*

3. *Erfragen Sie, welche Gerichte zu welchem Anlass üblicherweise zubereitet werden. Notieren Sie diese Rezepte und überlegen Sie Zeitpunkt und Möglichkeiten für die praktische Umsetzung.*

Der Rahmenplan

Der Inhalt hauswirtschaftlicher Angebote lehnt sich auch an die Rahmenpläne der Einrichtungen an.

„Der Rahmenplan dient den Mitarbeiterinnen als Anhaltspunkt und als Anregung. Er kann eine Übersicht bieten, die die Mitarbeiterinnen daran erinnert, welche Entwicklungsbereiche gefördert werden können.

Der Rahmenplan sollte alle Bereiche umfassen und deutlich ausgeführt sein. Er umfasst einen längeren Zeitraum. Das kann ein ganzes Jahr sein (Jahresplan) oder mehrere Wochen (Monatsplan).“

(aus: Finkenzeller, A./u.a.:Praxis- und Methodenlehre Sozialpädagogik, 1998, S. 255)

Beispiele

Rahmenplan	Vorschläge für hauswirtschaftliche Angebote
Familie und Gemeinschaft	
• Wir feiern Geburtstag • Menschen hier und anderswo • Muttertag	• Backen und Verzieren eines Marmorkuchens aus Rührteig • „Mondgesicht“-Pizza aus Quarkölteig oder Hefeteig • Erdbeerherzen aus Biskuitteig
Natur erleben	
• Alles was fliegt • Wasser • Bauernhof	• Schwalben aus Hefeteig • Zitronenlimonade • Milchmixgetränk
Traditionen im Jahresablauf	
• Erntedank • Fasching • Das Volksfest	• Brot backen • Nudelsalat • Oktoberfestherzen aus Lebkuchenteig
Unser Körper	
• Was unsere Hände alles können • Was unser Mund alles kann • Was riecht unsere Nase	• Formgebäck • Möhrenrohkost • Obstsalat
Umwelt	
• Unsere Welt ist voller Zeichen • Farben und Formen • Müll vermeiden	• „Verkehrsampel“ aus Biskuitteig oder Mürbeteig • Rohe Gemüse mit verschiedenen Dipsoßen • Picknickbrote richten und „umweltgerecht“ verpacken

1.1.4 Überlegungen zur Auswahl von Rezepten für Kinder

1. Welches Gericht wählt die Kinderpflegerin dem Rahmenplan entsprechend aus?
2. Welche Art von Gericht/Getränk möchte ich anbieten? (Suppe, Hauptgericht, Kuchen usw.)

3. Welche Gerichte entsprechen dem Geschmack der Kinder?
4. Welche Zutaten des Rezeptes lassen sich auf
   - spezielle Vorlieben bzw. Abneigungen, der Kinder abändern, z. B. Ablehnen von Tomaten, Zitronat, Orangeat; Bevorzugen von Erdbeeren, Nüssen, Nudeln usw.,
   - spezielle Ernährungsformen der Kinder abändern, z. B. für allergische Kinder, übergewichtige Kinder usw.?
5. Sind die erforderlichen Zutaten leicht zu beschaffen?
6. Wie teuer ist das Gericht?
7. Welche Arbeitstechnik(en) erfordert die Zubereitung des Gerichtes?
8. Wie lange dauert die Zubereitung und die Garzeit?
9. Ist das Gericht aufgrund der oben genannten Punkte geeignet für das Alter und die vorhandenen praktischen Fertigkeiten der Kinder?
10. Welche Lernerfahrungen ermöglicht das Rezept?
11. Sind Lernerfahrungen für Kinder unterschiedlichen Alters und Wissensstandes möglich?
12. Ermöglicht die Zubereitung des Rezeptes sozial-kooperative Arbeitsformen?

1. *Informieren Sie sich über das Angebot an Kinderkochbüchern in Bibliotheken und im Fachhandel.*
2. *Welche Kinderkochbücher gibt es in Ihrer Praxiseinrichtung?*
3. *Erkundigen Sie sich, nach welchen Kriterien Ihre Praktikumsanleiterin Kinderkochbücher und Rezepte auswählt.*

1.1.5   Rezepte

Folgende Anregungen zeigen die Verknüpfungsmöglichkeiten innerhalb eines Rahmenthemas auf:

Das Rahmenthema lautet beispielsweise:

„Natur erleben" – „Wasser"

Den Bereichen	*ordnet die angehende Kinderpflegerin passende hauswirtschaftliche Angebote zu*
Ernährung und Gesundheit	z. B. Gemüsesuppe
Natur und Umwelt	z. B. Geschirrspülen
Feste und Feiern	z. B. Traubentee
besondere Ereignisse	z. B. Zitronenlimonade als Ausflugsgetränk

Gemüsesuppe „Wurzelchen" für Kindergartenkinder

Man benötigt pro Kind

$1/4$ Stange	Lauch
$1/2$	Möhre
1 Stück	Sellerie (ersatzweise $1/2$ mittlere Kartoffel)
$1/4$ l	vegetarische Gemüsebrühe (Wasser und Brühwürfel)
nach Bedarf	Kräutersalz
reichlich	Schnittlauch oder Petersilie

Vorbereitung

1 großen Topf mit Deckel
1 Messbecher
1 Küchenmesser pro Kind
2 Gemüseschäler
1 Sieb
1 Schneidebrett pro Kind
1 Küchenschüssel
1 Schüssel für Küchenabfälle
1 Messbecher für benutztes Arbeitsbesteck
1 Kochlöffel
1 Esslöffel zum Herausnehmen der Kostprobe
1 Probierlöffel pro Kind
1 Suppenschüssel
1 Schöpflöffel
2 Topflappen pro Kind
 Spülmittel, Spültücher, Trockentücher,
 Pflaster und Schere für evtl. Schnittverletzungen

So wird die Gemüsesuppe zubereitet

1. Die erforderliche Wassermenge (heiß) wird abgemessen, das Wasser in den vorbereiteten Topf gegossen. Dieser wird auf die passende Herdplatte gestellt.
2. An dem Herd wird die mittlere Schaltstufe eingestellt.
3. Nach Zugabe der vegetarischen Gemüsebrühe setzt man den Deckel auf.
4. Man wäscht das Gemüse und die Kräuter unter fließendem kalten Wasser. Bei starken Verschmutzungen verwendet man die Bürste. Es sollte darauf geachtet werden, dass nicht unnötig Wasser verspritzt wird und dass der Wasserhahn nach dem Waschen ganz geschlossen ist.
5. Man entfernt
   – beim Lauch die Wurzel und die groben grünen Blätter,
   – bei der Möhre den Krautansatz und den Wurzelrest.
6. Man schält
   – die Möhre mit dem Gemüse- oder Sparschäler,
   – den Sellerie großzügig mit dem Küchenmesser (falls eine Kartoffel verwendet wird, schält man sie mit dem Gemüseschäler dünn ab).

7. Man schneidet
   - den Lauch in Ringe, wäscht ihn nötigenfalls nochmals im Sieb unter fließendem Wasser kurz durch und lässt ihn abtropfen,
   - die Möhre der Länge nach durch. Dann zerkleinert man die Hälften in Scheiben, gibt diese in die Küchenschüssel und deckt sie mit einem Geschirrtuch ab,
   - den Sellerie in Scheiben, zerkleinert diese notfalls und gibt ihn zu dem Lauch und den Möhren in die Schüssel.
8. Wenn das Wasser sprudelt, was man deutlich hören kann, schaltet man die Herdplatte zurück. Man nimmt den Topf mit beiden Topflappen vorsichtig von der heißen Platte und stellt ihn beiseite. Dann wird das Gemüse langsam mit einem Schöpflöffel in die heiße Brühe gegeben.

   Vorsicht: durch spritzendes heißes Wasser können die Hände verbrüht werden! (s. auch: Erste Hilfe bei Verbrühungen)

Beachten Sie:

9. Dann stellt man den Topf zurück auf die Herdplatte, setzt den Deckel auf und lässt die Suppe bei mittlerer Herdeinstellung köcheln, auch hier gilt:

   Vorsicht: Verbrennungsgefahr!

Beachten Sie:

Kochzeit je nach Dicke des Gemüses ca. 15-20 Minuten.

10. Während der Kochzeit schneidet man etwas Schnittlauch oder Petersilie.
11. Anschließend wird der Arbeitsplatz aufgeräumt und die Arbeitsfläche gesäubert.
12. Die fertige Suppe wird mit zwei Löffeln vorsichtig abgeschmeckt und wenn nötig, nachgewürzt.
13. Beim Umgießen der Suppe in eine Suppenschüssel sollte ein Erwachsener helfen.
14. Zuletzt werden die Kräuter auf die Suppe gestreut.
15. Nach Belieben können geröstete Weißbrotscheiben zur Suppe gereicht werden.

Guten Appetit!

Traubentee „Rotbeerchen"

Man benötigt pro Kind

¹/₂ Trinkglas	Früchtetee (auf ein Glas Wasser einen Beutel Tee)
¹/₂ Trinkglas	roter Traubensaft
etwas	Zitronensaft
	Kleehonig zum Süßen

Vorbereitung

2 große Töpfe, davon einer mit Deckel
1 Trinkglas pro Kind
2 Topflappen pro Kind
1 Zitronenpresse

1 Schneidebrett
1 Messer
1 großer Löffel zum Herausnehmen der Kostprobe
1 Probierlöffel pro Kind
1 Schüssel mit Ausgießer (falls nicht vorhanden, gießt die Kinderpflegerin das Getränk in den Krug)
1 Krug (hitzebeständig)
1 Messbecher für benutztes Arbeitsbesteck
1 Schüssel für Küchenabfälle
Spülmittel, Spültücher, Geschirrtücher

Zubereitung des Traubentees

1. Die erforderliche Wassermenge wird mit dem Glas abgemessen und in den vorbereiteten Topf gegossen.
2. Auf dem Herd wählt man die höchste Schaltstufe.
3. Bis das Wasser kocht, wird die gerollte, in der Mitte durchgeschnittene Zitrone mit der Zitronenpresse ausgepresst.
4. Die Teebeutel werden in den zweiten Topf gehangen und vorsichtig mit dem heißen Wasser aufgegossen.

> **Vorsicht:** an spritzendem heißem Wasser kann man sich die Haut verbrühen!

1. Während der Tee zieht und dabei Geschmack bildet, wird der Arbeitsplatz aufgeräumt und die Arbeitsfläche gesäubert.
2. Man nimmt die Teebeutel heraus und drückt sie vorsichtig aus.
3. Anschließend öffnet man die Traubensaftflasche, misst die benötigte Menge Saft ab und gießt sie mit dem Zitronensaft zum Tee.
4. Zuletzt schmeckt man das Getränk evtl. mit Kleehonig ab und gießt es in den Krug.

Das leckere Getränk schmeckt gut abgekühlt besonders gut.

Zitronenlimonade „Sonnenschein"

Man benötigt pro Kind

1 Trinkglas	Mineralwasser
$^1/_4$-$^1/_2$	ungespritzte Zitrone
etwas	Kleehonig zum Süßen
einige	Eiswürfel

Vorbereitung

1 große Schüssel
1 große Schüssel mit Ausgießer (keine Kunststoffschüsseln, diese verfärben)
1 Zitronenpresse
1 Messer
1 Schneidebrett

1 Sieb
1 Reibe
1 Krug oder hohe Trinkgläser
1 Esslöffel zum Herausnehmen der Kostprobe
1 Probierlöffel pro Kind
1 Schüssel für Küchenabfälle
1 Messbecher für benutztes Arbeitsbesteck,
Spülmittel, Spültücher, Geschirrtücher
Pflaster und Schere für evtl. kleine Verletzungen

Zubereitung der Zitronenlimonade

1. Die Zitrone(n) wird unter warmen Wasser sehr gründlich abgewaschen.
2. Dann reibt man die Zitronenschale(n) mit Hilfe der Reibe in die Schüssel.

> **Vorsicht:** Verletzungsgefahr durch die Reibe! Das Wegrutschen der Schüssel kann verhindert werden, indem man ein feuchtes Schwammtuch unterlegt.

Beachten Sie:

3. Man rollt die Zitrone(n) und teilt sie quer durch die Mitte. Den Saft presst man mit der Zitronenpresse aus.
4. Der Zitronensaft wird über die Schalen gegeben und mit Mineralwasser aufgegossen.
5. Man deckt die Schüssel ab und gibt das Getränk zum Kühlen und Durchziehen (= Geschmacksbildung) in den Kühlschrank.
6. Während der Kühl- und Durchziehzeit wird der Arbeitsplatz aufgeräumt und die Arbeitsfläche gesäubert.
7. In einen Krug oder in Gläser gibt man vorbereitete Eiswürfel aus dem Gefrierfach.
8. Das Getränk wird durch ein Sieb gegossen und mit Kleehonig abgeschmeckt.
9. Abgefüllt in gut verschließbaren Kunststoffflaschen ist das Getränk sehr gut zum Mitnehmen für Ausflüge geeignet.

Gut gekühlt, ein idealer Durstlöscher für heiße Tage.

Durch die Bearbeitung des Themas „Wasser" erfahren die Kinder, dass
Wasser

- geschmacksneutral,
- vielseitig verwendbar,
- durchsichtig,
- flüssig oder fest ist,
- sein Aussehen verändert durch Zugabe von z. B. Zitronensaft, Gemüse,
- kalt, lau oder heiß sein kann,
- fließt oder tröpfelt,
- Schmerzen lindert,
- den Durst löscht und erfrischt.

Aufgaben

1. Überlegen Sie zum Thema „Wasser" jeweils ein passendes Angebot aus den sozialpädagogischen Bereichen: Spracherziehung, Musik- und Bewegungserziehung, bildnerisches Gestalten, religiöse Erziehung, Spiele, Sachbegegnung (vgl. auch Finkenzeller, A./u.a.: Praxis- und Methodenlehre Sozialpädagogik, 1998, S. 255 ff).
2. Finden Sie zum Rahmenthema „Bauernhof" jeweils zwei geeignete hauswirtschaftliche Angebote für jeden der genannten Bereiche aus. Kap. 1.4.
3. Nennen Sie fünf für Ihre Kindergartengruppe passende Überlegungen zur Auswahl eines Rezeptes zum Bereich „Backen". Begründen Sie Ihre Überlegungen.

1.2 Grundlagen des hauswirtschaftlichen Angebotes

1.2.1 Unterscheidungsmerkmale der räumlichen Situation in Schule und Einrichtung

Berufsfachschule	Sozialpädagogische Einrichtung
1. In der Regel zweckmäßig und vollständig ausgestattete hauswirtschaftliche Fachräume schaffen günstige Arbeitsbedingungen für die Schülerinnen.	In den Einrichtungen sind oftmals erst günstigere Arbeitsbedingungen zu schaffen, z. B. durch das Zusammenschieben einer ausreichenden Anzahl von Tischen im Gruppenraum unter Berücksichtigung nahe liegender Strom- und Lichtquellen, sowie ausreichender Greifräume für den Tätigkeitsbereich der Kinder, durch das Bereitstellen von Arbeitsmitteln und -geräten aus der Küche in den Gruppenraum, durch Überprüfen – bei vorhandener Küche –, ob diese zur geplanten Angebotszeit verfügbar und geeignet ist (Tischhöhe, Höhe der Spüle, Stuhlhöhe usw.).
2. Die Durchführung des hauswirtschaftlichen Angebotes findet unter Aufsicht und im „Schutz" der Lehrkraft statt. So kann z. B. ein vergessener Pürierstab durch einen Hinweis der Lehrkraft sehr schnell aus der Schulküche ohne Verlassen des Raumes bereitgestellt werden.	Die Durchführung des hauswirtschaftlichen Angebotes findet während der Ausbildung unter Aufsicht und im „Schutz" von Sozialpädagogen und Praktikumsanleiterinnen statt. Allerdings kann z. B. ein vergessener Pürierstab u. U. nicht ohne Verlassen des Raumes und damit Vernachlässigung der Aufsichtspflicht bereitgestellt werden. Damit kann die Durchführung des Angebotes möglicherweise in Frage gestellt sein.

3. Die maximale Gruppengröße im Fach Praxis- und Methodenlehre Hauswirtschaft beträgt 16 Schülerinnen. Im „Rollenspiel" spielen die Schülerinnen die Kindergartenkinder. In der Regel sind vier „Kinder" und eine angehende Kinderpflegerin beteiligt. Das Angebot findet in der Ruhe eines Unterrichtsraumes in einer geschlossenen, vertrauten Gruppe und Räumlichkeit statt.	Die maximale Gruppengröße beträgt im Kindergarten 23-25 Kinder. An hauswirtschaftlichen Angeboten nehmen in der Regel vier bis acht Kinder teil, meist unterschiedlichen Geschlechts, Alters und Nationalität (Religion). Das Angebot kann durch die vielseitigen Aktivitäten der anderen Kinder evtl. nicht in der gewünschten Ruhe durchgeführt werden.
4. Die Schülerinnen stellen ein für hauswirtschaftliche Tätigkeiten relativ geübten Personenkreis dar. Üblicherweise finden sie sich im Fachraum selbstständig zurecht.	Die Kinder stellen einen in hauswirtschaftlichen Tätigkeiten relativ ungeübten Personenkreis dar. Hinzu kommen Einschränkungen durch Nachlassen der Konzentration, ausgelöst durch Ablenkungen, Müdigkeit u.a. Es ist nicht anzunehmen, dass Kinder ein großes Interesse für die räumliche Ausstattung der Küche zeigen. Für Kinder geht es um die Durchführung der Tätigkeit als solches, eben um das Kochen, Backen, Waschen, Aussäen usw.
5. Unfallgefahren können reduziert werden, da das Angebot in der Regel mit jungen Erwachsenen durchgeführt wird.	Durch den Bewegungsdrang der Kinder in der Einrichtung kann es z. B. beim Transport von Geschirr und Lebensmitteln von der Küche zum Gruppenraum oder umgekehrt zu Zusammenstößen kommen.

1.2.2 Ausstattung[1] des hauswirtschaftlichen Arbeitsbereiches

Sowohl in der Schule als auch in der Einrichtung überprüft die angehende Kinderpflegerin nach Auswahl des Themas die Lebensmittelvorräte nach
* Eignung,
* vorhandenen Mengen,
* Mindesthaltbarkeitsdatum,
* Alternativen (z. B. Ersetzen von gewünschten Bandnudeln durch vorhandene Spiralnudeln).

Fehlende Vorräte erfordern die Erstellung eines Einkaufszettels, s. Kap. 1.2.6, und das Beschaffen der Lebensmittel durch persönlichen Einkauf.

Die Eltern sind in der Regel gerne bereit, ihren Kindern benötigte Lebensmittel wie Früchte, Nüsse, Jogurt usw. zum Verarbeiten in der Einrichtung mitzugeben. In einem Elternbrief oder durch mündliche Mitteilung erfahren sie, welches Lebensmittel ihr Kind an welchem Tag mitbringen soll.

---

[1] Unter Ausstattung verstehen die Autorinnen in diesem Zusammenhang vorhandene Materialien (Lebensmittel, Textilien, Werkstoffe usw.) und Arbeitsmittel (Geräte, Werkzeuge usw.).

Liebe Eltern,   21. Oktober ....

das Thema, das wir in der kommenden Woche im Kindergarten behandeln wollen, heißt: Lebensmittel. Wir empfehlen deshalb, den Kindern während der kommenden Woche kein Frühstück mitzugeben. Stattdessen bitten wir um drei Dinge: Geben Sie bitte am Montag Ihrem Kind irgendetwas aus Ihrem Lebensmittelschrank mit (z. B. ein Ei oder ein paar Nudeln oder ein Päckchen Pudding oder ein Stück Obst usw.).

Außerdem bitten wir um 1,– DM pro Kind, weil wir mit den Kindern weitere Lebensmittel einkaufen wollen. Und drittens bitten wir um leere Verpackungen von Lebensmitteln zum Kaufladenspielen.

Vielen Dank und freundliche Grüße,

Ihr(e)

„Elternbrief"

In der Einrichtung überprüft die künftige Kinderpflegerin das Vorhandensein und die Funktionstüchtigkeit benötigter Geräte und sonstiger hauswirtschaftlicher Arbeitsmittel, wie Löffel, Messer, Gabeln, Bretter, Wännchen, Gartengeräte usw.

- die Anzahl von z. B. Löffeln, Messern, Brettern, Wännchen, Blumentöpfen in ausreichender Menge,
- die Eignung von Arbeitsmitteln für Kinderhände im Hinblick auf z. B. Messergröße, Größe und Gewicht von Wellhölzern, Schneebesen, Kochlöffeln, Kinder-Gartengeräten usw.,
- die Funktionstüchtigkeit von elektrischen Geräten, wie z. B. Handrührgerät, Kinderbügeleisen, Küchen- und Kinderherd usw.,
- evtl. vorhandene Schäden an Geräten und Arbeitsmitteln z. B. lockere Messerklingen, verbogene Rührbesen, lose Topfgriffe usw.,
- Vorhandensein von Lagerungsmöglichkeiten für die zubereiteten Speisen, z. B. zum Kühlen von Getränken, zum Aufbewahren von selbstgekochter Konfitüre usw.

Aufgaben

1. Beschreiben Sie auf einer DIN A 5-Seite die räumlichen Gegebenheiten für hauswirtschaftliche Angebote in Ihrer Einrichtung und beziehen Sie dabei die Ausstattung mit ein.

2. Welche hauswirtschaftlichen Tätigkeiten können Sie aufgrund der Ausstattung in Ihrer Einrichtung durchführen?

1.2.3 Wie wird das hauswirtschaftliche Angebot in den Tagesablauf integriert?

„Der Tagesplan enthält Ziele und Vorhaben für den entsprechenden Tag und evtl. Eintragungen über den Verlauf bestimmter Angebote oder über an diesem Tag gemachten Beobachtungen in Form eines Tagesprotokolls."

(aus: Finkenzeller, A./u.a.: Praxis- und Methodenlehre Sozialpädagogik, 1998, S. 256)

Somit beeinflusst der Tagesplan die Gestaltung des Tagesablaufes, sowie den Zeitpunkt und die Dauer von Angeboten.

„Die Bildungswirksamkeit von Angeboten hängt in erster Linie von der Aufnahmebereitschaft, Aktivität, Konzentrationsfähigkeit, Selbstständigkeit und Motivation der Kinder ab. Am aktivsten sind Kinder zwischen 8:00- 11:00 Uhr und zwischen 14:00-16:00 Uhr."

(aus: Finkenzeller, A./u.a.: Praxis- und Methodenlehre Sozialpädagogik, 1998, S. 280)

Bei hauswirtschaftlichen Angeboten aus dem Bereich Nahrungszubereitung sollte auf das Mitbringen von Pausenbroten verzichtet werden.

Bei Ganztagsgruppen empfiehlt es sich oben genannte Angebote in den Nachmittag zu verlegen, damit der Verzehr des Mittagessens nicht beeinträchtigt wird. Allerdings gibt es auch Ausnahmen: z. B. Kuchenbacken am Vormittag bedeutet – bei Ganztagsgruppen – einen Genuss zur Nachmittagspause.

Die Dauer des Angebotes richtet sich nach dem Alter und der Ausdauer der Kinder, und sollte einen Zeitraum von 20 bis maximal 45 Minuten umfassen.

Nach Beendigung der hauswirtschaftlichen Tätigkeit, die Sinne, Motorik und Konzentration der Kinder intensiv anspricht, empfiehlt sich eine Entspannungsphase, z. B. durch Freispiel, Kuscheln in der Kuschelecke o.Ä.

Tipp zur Methode

---

1. Informieren Sie sich über die Inhalte des Wochenplanes in Ihrer Einrichtung.

2. Sind innerhalb dieses Planes hauswirtschaftliche Betätigungen möglich?

3. In welchem Abschnitt des Tagesablaufes in Ihrer Einrichtung ist ein hauswirtschaftliches Angebot für die Kinder sinnvoll?

Aufgaben

1.2.4 Zusammensetzung der Kindergruppe

Prinzipiell gilt: Je „anspruchsvoller", im Sinne von vielfältig, die Aufgabe ist, desto mehr Geschicklichkeit und Selbstständigkeit ist zu deren Erledigung notwendig, z. B. beim Formen von figürlichem Gebäck, beim Schneiden harter Früchte, beim Schälen und Reiben von Gemüse usw.

Das führt zu der Annahme, dass „ältere, erfahrene" Kindergartenkinder solche Aufgaben „erfolgreicher" bewältigen können.

Aber auch Krippenkinder im Alter von ca. drei Jahren beteiligen sich gerne und erfolgreich an hauswirtschaftlichen Tätigkeiten, z. B. beim Belegen eines gekauften Obstkuchenbodens mit Früchten, beim Entstielen von Erdbeeren, beim Aufstreuen von Schnittlauch usw.

Günstig ist die gemeinsame Aktivität jüngerer und reiferer Kinder beiderlei Geschlechts bei der Bewältigung einer gemeinsamen Aufgabe. Die Altersmischung wirkt sich positiv auf das soziale Verhalten in der Gruppe aus.

Der Anteil ausländischer Kinder mit anderen Ernährungsgewohnheiten erfordert u. U. ein Abändern herkömmlicher Rezepte. Die Zubereitung einfacher Rezepte aus den Heimatländern und der Geschmack fremder Speisen vermitteln den Kindern neue, interessante Erfahrungen und schaffen Möglichkeiten des sozialen Miteinanders.

Backen mit Streuseln

Aufgaben

1. *Nehmen Sie Rücksprache mit Ihrer Praktikumsanleiterin, nach welchen Überlegungen sie die Kindergruppe für hauswirtschaftliche Tätigkeiten zusammensetzt.*

2. *In Ihrer Gruppe befinden sich neben 18 deutschen auch fünf türkische Kinder. Sie wissen, dass die fünf türkischen Kinder die nach dem Koran vorgeschriebenen Ernährungsregeln einhalten. Für hauswirtschaftliche Angebote aus dem Bereich Nahrungszubereitung sind deshalb Abänderungen der Zutaten erforderlich. Welche Lebensmittel dürfen den türkischen Kindern nicht angeboten werden?*

1.2.5 Ermitteln der Zutatenmengen für einen „Obstsalat"

Das nachfolgende Rechenbeispiel verdeutlicht das Umrechnen eines einfachen Rezeptes für vier Personen auf eine Kindergartengruppe von 25 Kindern. Dabei werden die Rezeptmengen üblicherweise mit 6 multipliziert. Zu berücksichtigen sind jedoch

- die individuellen Essgewohnheiten der Kinder (gute Esser, schlechte Esser),
- der Zeitpunkt des Verzehrs (zeitlicher Abstand zum Mittagessen).

Demzufolge werden die Rezeptmengen ab- oder aufgerundet.

Je älter und körperlich ausgereifter Kinder bzw. Jugendliche sind, desto größer ist erfahrungsgemäß der Appetit. Bei Hortkindern im Alter bis zu 15 Jahren empfiehlt es sich, die Rezeptmengen für Erwachsene einzuhalten.

Zutaten und Mengen für einen herbstlichen Obstsalat (für 4 erwachsene Personen)

1	großer Apfel
2	kleine, reife Bananen
4	Zwetschgen
$^1/_2$	Zitrone, unbehandelt
ca. 1 El.	Kleehonig, Ahornsirup oder Obstdicksaft
1-2 El.	gehackte Nüsse oder
1-2 El.	Sonnenblumenkerne
2 El.	Rosinen

Mengen für ca. 25 Kindergartenkinder

ca. 4-6	große Äpfel
ca. 8-12	reife, kleine Bananen
ca. 18-24	Zwetschgen
ca. 2-3	Zitronen
ca. 5-6 El.	Kleehonig, Ahornsirup oder Obstdicksaft
ca. 6-12 El.	gehackte Nüsse oder
ca. 6-12 El.	Sonnenblumenkerne
ca. 12 El.	Rosinen

> Die errechneten Mengen machen deutlich, dass das Angebot mit sechs bis acht Kindern oder in zwei Gruppen mit jeweils vier Kindern durchgeführt werden sollte.

1.2.6 Beschaffen von Arbeitsmaterialien und deren Abrechnung

Die künftige Kinderpflegerin beachtet folgende Einkaufsregeln:

- Einen Einkaufszettel erstellen,
- bedarfsgerecht, preis- und qualitätsbewusst einkaufen,
- biologisch wertvolle Lebensmittel und umweltfreundliche Reinigungs- und Waschmittel bevorzugen,

- Angebote der Jahreszeit, vor allem bei Obst und Gemüse, nutzen,
- Erkrankungen, die Sonderkostformen benötigen, berücksichtigen (z. B. Diabetes, Neurodermitis usw.),
- kurze Transportwege auswählen,
- umweltbewusst hinsichtlich der Verpackungen einkaufen,
- auf Wiederverwendbarkeit von Materialien achten.

Fallbeispiel

Sabrina benötigt für ihr hauswirtschaftliches Angebot drei Äpfel. Im Supermarkt entdeckt sie ein attraktives Sonderangebot: „1,5 kg Äpfel, DM 2,98!" Sabrina zögert und überlegt. Sie nimmt drei knackig-frische Äpfel aus der offenen Steige und wiegt sie aus – DM 3,50. Sabrina entscheidet sich **bedarfs- und qualitätsbewusst** für die drei Äpfel.

Beim Waschen von Puppenkleidung vertieft die Kinderpflegerin die Frage nach der Herkunft von Schmutz durch das Zeigen von „Schmutzproben", z. B. Tinte, Erde, Ruß, Tomatenmark, Kakao usw. Diese sind in **wiederverwendbaren Filmdöschen** oder **Jogurtgläsern** gut zu handhaben.

Aufgaben

1. *Finden Sie Begründungen zu oben genannten Einkaufsregeln.*
2. *Führen Sie ein weiteres Beispiel für „Wiederverwendbarkeit" von Materialien an, wie z. B. Verwendung von Eierschalenhälften zum Aussäen von Kressesamen.*
3. *Sie planen den Einkauf von Gartenbedarf, z. B. Blumenzwiebeln, Samen usw. Wie informieren Sie sich über günstige Einkaufsquellen?*
4. *Worauf ist beim Einkauf von Frischblumen für ein Geburtstagskränzchen zu achten? Nennen Sie drei Kriterien.*

Die Abrechnung

Die Abrechnung muss korrekt durchgeführt werden und überprüfbar sein. Privateinkäufe erscheinen keinesfalls auf der Rechnung oder dem Kassenzettel für die Einrichtung, bzw. die Schule.
Einkaufsbelege werden der Erzieherin vorgelegt und nach dem in der Einrichtung üblichen Verfahren abgerechnet.

Für die Schule bietet sich folgendes Vorgehen an:
Der/die Schüler/innen erhalten einen Abrechnungsvordruck und tragen Name, Klasse, Thema des Angebotes und Datum ein. Die Einkaufsbelege werden sorgfältig eingeklebt. Jedem Rechnungsposten ordnet der/die Schüler/in, falls nicht ausgedruckt, den entsprechenden Artikel handschriftlich zu. Aus mehreren Einzelbelegen errechnet die Kinderpflegerin die Gesamtsumme der Ausgaben, die sie ggf. auf die Kosten pro Kind umrechnet.

Aufgabe

Welches Abrechnungsverfahren wird in Ihrer Einrichtung angewendet?

1.2.7 Persönliche Hygieneanforderungen

An die Kinderpflegerin:

* Saubere und zweckmäßige
  - Oberbekleidung tragen,
  - Arbeitskleidung bereitstellen und tragen,
* für saubere Haare, Hände und Fingernägel sorgen,
* Haarspangen, -bänder usw. vorbereiten,
* Schmuck, Lederbänder usw. abnehmen.

> Die Kinderpflegerin ist sich besonders in diesem Bereich ihrer Vorbild-
> wirkung bewusst.

An die Kinder:

* Für sie gelten grundsätzlich die gleichen Anforderungen wie für die Kinderpflegerin,
* besonders zu beachten ist, dass Kinder, die akut erkältet oder verletzt
  sind, nicht unbedingt an hauswirtschaftlichen Angeboten teilnehmen
  sollen,
* die Kinderpflegerin überprüft das Vorhandensein geeigneter Schutzkleidung für die Kinder in der Einrichtung. Dafür werden z. B. verwendet:
  - saubere, abgelegte Herrenhemden,
  - Wachstuchschürzen,
  - Schürzen aus Kunststofffolie,
  - selbst genähte Schürzen aus Geschirrtüchern (z. B. Ausverkaufs-
    ware),
  - als Kopfbedeckung eignen sich, z. B. Dreiecktücher aus Stoffresten,
    Nickytücher, selbst gebastelte Kopfbedeckungen u.v.m.

Papierhütchen als Kopfbedeckung bei der Zubereitung eines Nudelsalates zum Rahmenthema „Fasching im Kindergarten"

1. *Ist in Ihrer Einrichtung Schutzkleidung üblich?*
2. *Welche Art von Schutzkleidung wird den Kindern angeboten?*

1.2.8 Unfallgefahren

Stress, Hetze, Unruhe, Müdigkeit, inhaltlich und damit zeitlich zu umfangreiche Angebote, ungünstige Arbeitsverfahren, unzweckmäßige Gestaltung des Arbeitsplatzes, unüberlegte Auswahl von Arbeitsmitteln und vieles mehr an Planungsfehlern fördern die Entstehung von unfallträchtigen Situationen.

Beachten Sie:

Das Erkennen möglicher Gefahrenbereiche und das Überlegen von Verhütungsmaßnahmen sind wesentlicher Bestandteil der Planung, s. auch Kap. 1.3.2.

Beispiele

Nässe	Bereitstellen von Eimer und Wischlappen
Herd	Herdfunktion kennen
Messer	kindgemäße Messerauswahl treffen, Pflaster bereit halten
Elektrische Geräte	Bedienungsanleitung kennen

Siehe auch Kapitel 2: Sicherheit bei der hauswirtschaftlichen Arbeit mit Kindern.

1.3 Der methodische Aufbau des hauswirtschaftlichen Angebotes

1.3.1 Einleitung (Hinführung)

Ziele:
* Einstimmen der Kinder auf die Tätigkeit,
* Finden eines gefühlsmäßigen Bezuges zur Kinderpflegerin.

Davon ableitend ergeben sich bestimmte Erfordernisse hinsichtlich der **Eigenschaften** einer „guten" Einleitung.
Sie soll sein:
* motivierend,
* spannend, Neugierde weckend, begeisternd,
* zielgerichtet,
* knapp im Wortumfang,
* treffend in der Wortwahl,
* erarbeitend,
* gemütvoll,
* zeitlich kurz (ca. 5-10 Min.).

Möglichkeiten der Einleitung

Sozialform: die Kinder sitzen im Stuhlkreis oder um den Tisch.

- Anknüpfen an:
  - **Vorhergehende hauswirtschaftliche Angebote:**
  Durch ein Gespräch (mit geschickter Fragestellung lässt sich das Vorwissen (Erfahrungswissen) der Kinder erkunden und das Thema „herauslocken", z. B. „Wir bereiten heute einen Obstsalat zu".) Die Formulierung des jeweiligen Themas wird als **Zielangabe** bezeichnet.

> Die Kinderpflegerin unterstützt die Kinder ggf. durch Zeigen und Erläutern einer passenden Abbildung aus einem Kochbuch. Dadurch ergibt sich die **Zielvorstellung**, die aufzeigt, wie das fertige Gericht, Gebäck oder Getränk aussehen soll.

Tipp zur Methode

  - **Die Jahreszeit,** z. B. „Früchte des Gartens im Herbst – was können wir daraus zubereiten?" Auch hier kann das Anbieten eines Garten- oder Kochbuches mit passenden Abbildungen zum Finden der Zielangabe hilfreich sein.

  - **Den situativen Ansatz,** z. B. bringen Mütter in ländlichen Regionen häufig Äpfel, Birnen, Zwetschgen aus den heimischen Gärten zum Verzehr für die Kinder der Einrichtung mit. Gemeinsam wird überlegt – auch unter Einbeziehung eines Kochbuches, einer Rezeptesammlung – was aus dem Obst zubereitet werden könnte.

  - **Den Rahmen/Wochenplan**
  Die Kinder beschäftigen sich über einen längeren Zeitraum hinweg mit einem umfassenden Thema, z. B. „Gesundes Essen und Trinken". Sie wissen, dass einmal wöchentlich ein Frühstück gemeinsam zubereitet und verzehrt wird. Die Eltern geben ihren Kindern nach Absprache mit dem Erziehungsteam die gewünschten Lebensmittel mit. So bringt z. B. ein Kind Haferflocken, ein anderes Rosinen, das dritte Bananen usw. Alle mitgebrachten Lebensmittel werden auf einem Tisch zusammengestellt und es wird gemeinsam besprochen, was daraus zubereitet werden soll. Auch hier empfiehlt es sich, zur deutlicheren Vorstellung eine Abbildung aus einem Kinderkochbuch anzubieten.

  - **Bevorstehende Feste oder Feiern**
  Dabei ist besonders auf das **Gemütvolle** in der Einleitung zu achten. So sprechen z. B. bei weihnachtlichen Angeboten eine brennende Kerze, ein geschmückter Adventskranz, duftende Tannenzweige und Gewürze das Gemüt der Kinder ganz besonders an. Auch eine kurze Weihnachtsgeschichte, die stimmungsvoll erzählt wird, wirkt motivierend. Vielleicht bietet die Kinderpflegerin einige mitgebrachte Plätzchen zum Probieren an. Die Kinder erfahren Aussehen und Geschmack und entwickeln dadurch eine Zielvorstellung vom Thema.

- **Erraten** von Lebensmitteln oder einer fertigen Speise (z. B. Müsliriegel) durch sinnliche Erfahrungen, wie Riechen, Schmecken, Tasten usw. Hier empfiehlt sich der Einsatz einer **Fühlbox** (s. Kap. 1.1.1), eines **abgedeckten Korbes**, eines **Säckchens** usw. zum Verbergen der Lebensmittel. Die Kinder stellen Vermutungen an, was aus den Lebensmitteln zubereitet werden könnte. Zur Verdeutlichung des Themas bietet sich wiederum eine Abbildung aus einem Kochbuch an.

- **Einsatz einer Bildtafel** (Verwendungsmöglichkeiten s. Kap. 1.4)

- **Vorsingen oder gemeinsames Singen eines Liedes**, z. B.

  „Fleißige Waschfrauen"

  Zeigt her eure Füßchen,
  zeigt her eure Schuh,
  und sehet den fleißigen
  Waschfrauen zu!

  Sie waschen, sie waschen,
  sie waschen den ganzen Tag.

  Sie spülen, sie spülen,
  sie spülen den ganzen Tag.

  Sie wringen, sie wringen,
  sie wringen den ganzen Tag.

  Sie hängen, sie hängen,
  sie hängen den ganzen Tag.

  Sie legen, sie legen,
  sie legen den ganzen Tag.

  Sie bügeln, sie bügeln,
  sie bügeln den ganzen Tag.

  Sie ruhen, sie ruhen,
  sie ruhen den ganzen Tag.

  Sie tanzen, sie tanzen,
  sie tanzen den ganzen Tag.

  (Wir singen und spielen. Die schönsten Kinderlieder und Reime.)

„Backe, backe Kuchen"

der Bäcker hat gerufen!
Wer will guten Kuchen backen,
der muss haben sieben Sachen:
Eier und Schmalz, Butter und Salz,
Milch und Mehl,
Safran macht den Kuchen gehl.
Schieb, schieb in'n Ofen rein!

(Wir singen und spielen. Die schönsten Kinderlieder und Reime.)

„Spannenlanger Hansel, nudeldicke Dirn"

Spannenlanger Hansel, nudeldicke Dirn,
gehn wir in den Garten,
schütteln wir die Birn.
„Schüttel ich die Großen, schüttelst du die Klein!
Wenn das Säcklein voll ist, gehn wir wieder heim."
„Lauf doch nicht so närrisch, spannenlanger Hans!
Ich verlier die Birnen und die Schuh noch ganz!"
„Trägst ja nur die kleinen, nudeldicke Dirn,
und ich schlepp' den schweren Sack mit großen Birn!"

(Wir singen und spielen. Die schönsten Kinderlieder und Reime.)

„Obstsalatlied"

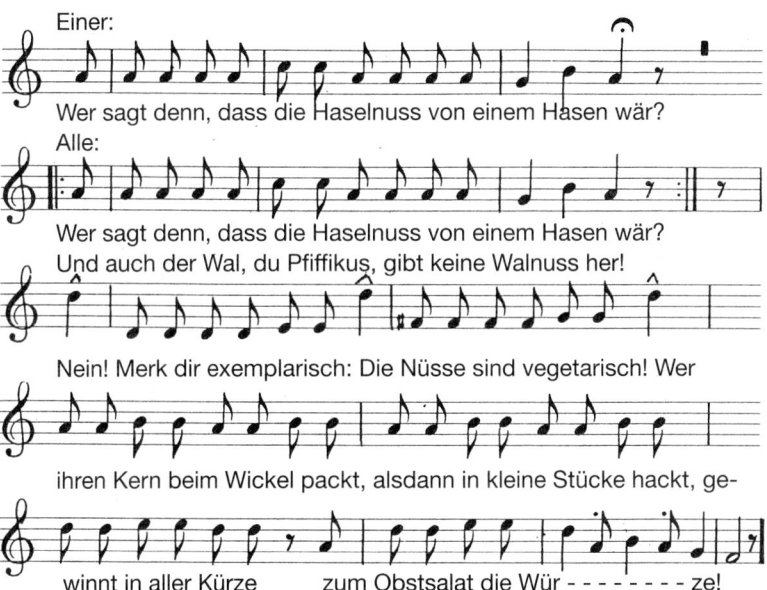

Wer sagt denn, dass die Haselnuss von einem Hasen wär?

Wer sagt denn, dass die Haselnuss von einem Hasen wär?
Und auch der Wal, du Pfiffikus, gibt keine Walnuss her!

Nein! Merk dir exemplarisch: Die Nüsse sind vegetarisch! Wer

ihren Kern beim Wickel packt, alsdann in kleine Stücke hackt, ge-

winnt in aller Kürze zum Obstsalat die Wür - - - - - - - ze!

Wer sagt, es wär' ein Obstsalat –
kein delikat Gericht?
Mit Obstsalaten macht man Staat,
wenn man sie richtig mischt:
Die Früchte allemal,
entkleidet ihre Schale,
nimm Äpfel und auch Ananas,
in kleine Schnitzel schneide das,
dazu noch Apfelsinen
zum Süßen saurer Mienen!

Wer sagt, dass diese Mischung schon
dem letzten Wunsch genügt?
Es sei noch ein aparter Ton
dem Spiel hinzugeführt.
Kannst du den Pfiff schon ahnen?
ja: ausgerechnet Bananen!
Zwei Löffel nimm und wende um
zehnmal das Kulinarium:
Mit Zucker findet's lecker
jedweder feine Schmecker!

(Richard Rudolf Klein, in: Ernährungserziehung bei Kindern, AID)

„Vom Apfel"

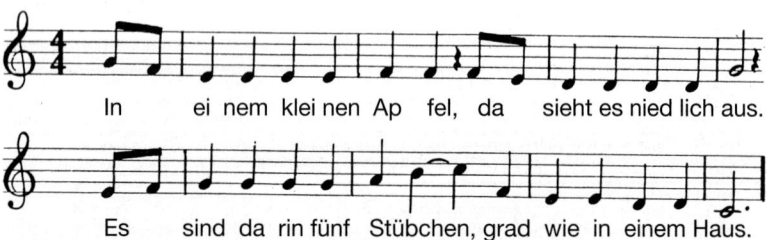

In jedem Stübchen wohnen zwei Kerne schwarz und klein.
Die liegen drin und träumen vom lieben Sonnenschein.

Sie träumen auch noch weiter, gar einen schönen Traum –
wie sie einst werden hängen am schönen Weihnachtsbaum.

(Richard Rudolf Klein, in: Ernährungserziehung bei Kindern, AID)

„Hausputzsong"

Wenn mei-ne Mut-ter Haus-putz hat, dann geht es bei uns rund.

Dann flüch-ten al-le Leut-te, dann flüch-ten al-le Leu-te,

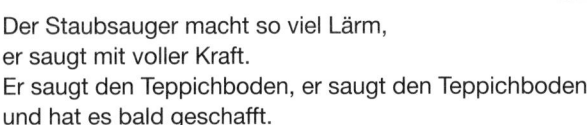

der Mann, das Kind, der Hund; der Mann, das Kind, der Hund.

Sie putzt im ganzen Haus herum
vom Keller bis zum Dach.
Dann putzt sie alle Treppen,
dann putzt sie alle Treppen
und säubert jedes Fach.

Dann geht sie an die Fenster ran
und putzt sie blank und fein.
Sie wischt und wäscht die Scheiben,
sie wischt und wäscht die Scheiben,
und so wird alles rein.

Sie geht im ganzen Haus herum
und mustert jeden Ort.
Und alles, was sie ärgert,
und alles, was sie ärgert,
das wirft sie einfach fort.

Sie rollt den dicken Teppich aus
und schleppt ihn vor das Haus.
Und mit dem Teppichklopfer,
und mit dem Teppichklopfer
klopft sie den Staub heraus.

Der Staubsauger macht so viel Lärm,
er saugt mit voller Kraft.
Er saugt den Teppichboden, er saugt den Teppichboden
und hat es bald geschafft.

Zu Mittag gibt es Eintopf nur,
doch sauber ist das Haus.
Wir lassen es uns schmecken,
wir lassen es uns schmecken
und löffeln alles aus.

Da sagt mein Vater: „ Liebe Frau, was hast du all getan!
Jedoch beim nächsten Hausputz,
jedoch beim nächsten Hausputz,
da packen alle an!"

Wenn meine Mutter Hausputz hat,
da geht es bei uns rund.
Da helfen alle Leute,
da helfen alle Leute,
der Mann, das Kind, der Hund.

(Rolf Krenzer, Musik: Peter Janssens, in: Ein kleiner Spatz von irgendwo, 1992)

● **Vorsprechen oder gemeinsames Sprechen eines Reimes**, z. B.:

„Morgens früh um sechs, kommt die kleine Hex"

Morgens früh um sechs kommt die kleine Hex
Morgens früh um sieben schabt sie gelbe Rüben
Morgens früh um acht wird Kaffee gemacht
Morgens früh um neune geht sie in die Scheune
Morgens früh um zehne holt sie Holz und Späne
Feuert an um elf,
kocht dann bis um zwölf:
Frösche, Krebs und Fisch, Kinder kommt zu Tisch!

„Apfelernte"

Der Wind fährt durch den Apfelbaum
mit Pusten und mit Fegen.
Hollerboller Purzelbaum – nein, so ein Apfelregen!

Herbei ihr Kinder aufgepasst!
Nun breitet eure Schürzen,
damit die roten Äpfelchen
nicht auf die Nase stürzen.

Wenn aber eins danebenfällt,
das bringen wir nach Haus.
Da macht die Mutter Apfelmus
und Apfelkuchen draus.

(Hanna Hanisch)

„Rabulan, der Riese"

Rabulan, der Riese,
isst so gern Gemüse.

Er sagt: „Gemüse ist gesund!"
und verzehrt aus diesem Grund

täglich einen Haselstrauch
und ein Fuder Rüben auch,

einen Kürbis obendrein;
denn er will bei Kräften sein.

Bei Ferdinand und Lieschen
tun's Äpfel, Salat und Radieschen!

(J. Guggenmos, in: Reim 1 „Wir singen und spielen", s. oben, Reim 2 und 3, AID,
s. oben.)

- **Vorzeigen oder gemeinsames Spielen eines Fingerspieles**, z. B.:

„Fünf Finger"

Fünf Finger stehen hier und fragen:
Wer kann wohl den Apfel tragen?
Der erste Finger kann es nicht,
der Zweite sagt: Zuviel Gewicht!
Der Dritte kann ihn auch nicht heben,
der Vierte schafft das nie im Leben!
Der fünfte Finger aber spricht:
Ganz allein? So geht das nicht!
Gemeinsam heben kurz darauf fünf Finger diesen Apfel auf.

„Das ist der Daumen"

Das ist der Daumen,
der schüttelt die Pflaumen,
der liest sie auf,
der trägt sie nach Haus,
und der kleine Schelm isst sie alle auf.
(Jeder Finger wird einzeln angestippt, der Kleine aber wird geschüttelt)

„Der Apfeldieb"

Dort in des Müllers Garten,
da steht ein Apfelbaum,
hängt voll mit roten Äpfeln,
man sieht die Blätter kaum.

Husch, schleicht Schneider's Hänschen
durch's enge Loch am Hag,
füllt beide Hosentaschen
und isst so viel er mag.
Da pfeift's (Pfiff), es kommt der Müller:
„Halt, halt du Apfeldieb"
das Hänschen läuft,
denn Schläge sind ihm gar nicht lieb.
Er will durch's Löchlein schlüpfen,
da gibt's ein Missgeschick,
die vollen Hosentaschen, machen den Buben gar so dick.
Er zappelt in dem Loche,
wie eine gefangene Maus,
der Müller mit dem Stocke
klopft ihm die Hosen aus.

(Spiel 1 und 3, AID, s. oben, Spiel 2, „Wir singen und spielen", s. oben)

- **Rätsel raten**, z. B.:

  Die Erdbeeren:

  Unter grünem Blatt verborgen,
  häng` ich rot und rund.
  Kinder, sucht mich froh am Morgen
  und steckt mich in den Mund.

  Die Rosinen:

  Eine Kugel dick und prall,
  rund, braun, kleiner als ein Ball –
  runzelt, schrumpelt, wird ganz klein
  schmeckt im süßen Kuchen fein.

  Die Pflaumen:

  Wer ist so klug, wer ist so schlau,
  dem schütt'l ich was vom Bäumchen,
  ist innen gelb und außen blau,
  hat mittendrin ein Steinchen.

  (AID, s. oben)

- **Durch ein Gebet** (in konfessionellen Einrichtungen), z. B.:

  Aus der braunen Erde
  kommt unser täglich Brot.
  Für Sonne, Wind und Regen
  danken wir, danken wir dir, oh Gott.
  Wir haben genug zu essen,

wir werden täglich satt,
hilf, dass wir den nicht vergessen,
der nichts zu essen hat.

(AID, s. oben)

Tipp zur
Methode

Die genannten Möglichkeiten sind als Anregungen zu verstehen. Gefragt sind vor allem Ideenreichtum und Fantasie der Kinderpflegerin. So kann z. B. ein selbst erfundener Reim, der witzig und treffend formuliert und vorgetragen wird, die Kinder in hohem Maße motivieren.

Aufgaben

1. Überlegen und notieren Sie drei Möglichkeiten der Einleitung für das Rahmenthema „Erntedank – Brot backen". Beachten Sie dabei die Möglichkeiten der Umsetzung unter den speziellen Bedingungen Ihrer Praxiseinrichtung.
2. Finden und sammeln Sie geeignete Lieder, Reime, Fingerspiele, Rätsel usw., die für hauswirtschaftliche Angebote geeignet sind. Nutzen Sie dazu auch die Angebote der Bibliotheken.

1.3.2 Hauptteil (praktische Durchführung der Aufgabe)

Ziele: Die Aufgabe wird schrittweise, strukturiert und von den Kindern weitgehend selbstständig erfüllt. Das Ergebnis stellt die Kinder zufrieden. Die Kinderpflegerin leitet die Kinder fachgerecht an und leistet bei Bedarf Hilfestellung.

Überlegungen hauswirtschaftlicher und sozialpädagogischer Aspekte, die zum Gelingen des Angebotes beitragen

Hauswirtschaftliche Aspekte

- Welche konkreten Inhalte sollen den Kindern durch das Angebot vermittelt werden? Ausschweifende Erläuterungen vergeuden Zeit und Energie, die Kinder langweilen sich durch theoretische Überfrachtungen.
- Ist die Kinderpflegerin bei der Durchführung der Aufgabe fachlich sicher und gewandt?
- Welcher Arbeitsumfang ist den Kindern entsprechend? Ein zu großes Pensum durch zu vielfältige Einzeltätigkeiten oder eine zu große Lebensmittelmenge überfordert die Kinder und führt zu Motivationsverlusten. Allerdings sind gewisse Schwierigkeiten als Herausforderung und zum Motivationserhalt notwendig.
- Ist eine gleichmäßige, kindgemäße Belastung für alle Beteiligten im Rollenspiel gegeben? Eine Schülerin kann z. B. zwei bis drei Backbretter selbstständig tragen, in ihrer Rolle als Kind ist dieses jedoch unrealistisch.

- Wie sieht die günstigste Arbeitsplatzanordnung für die Kinder aus?
- Sind alle nötigen Geräte und Werkzeuge geeignet und funktionstüchtig?
- Sind alle Geräte, Werkzeuge und Materialien z. B. auf einem Materialtisch oder Servierwagen vorbereitet, damit die Kinder den Arbeitsplatz weitgehend selbstständig vorbereiten können?
- Ist eine Bastelunterlage bei gestalterischen Angeboten vorhanden, z. B. beim Binden von Blumensträußchen, Klebearbeiten usw.?
- Wird auf sorgfältigen Umgang mit den Lebensmitteln geachtet?
- Finden Kriterien des Umweltschutzes Anwendung?
- Wird genügend Zeit zum Abschmecken und Anrichten eingeplant?
- Gehört das gemeinsame Aufräumen zur Gesamtarbeit?
- Werden Hygieneregeln als Grundprinzip anerkannt und eingehalten, z. B.
  - Probierlöffel verwenden,
  - zu Boden gefallene Lebensmittel nicht mehr verzehren,
  - Kochlöffel, Rührbesen, Schüsseln usw. möglichst nicht abschlecken, bzw. ausschlecken lassen,
  - s. auch „Persönliche Hygieneanforderungen" Kap. 1.2.7.
- Werden Regeln zur Unfallverhütung eingehalten z. B.
  - Ist ein Pflaster für evtl. Verletzungen griffbereit?
  - Werden Messer erst bei Bedarf ausgeteilt?
  - Werden Messer nach Beendigung der Schneidearbeiten systematisch eingesammelt?
  - Werden Messer mit geeigneter Klingengröße für das entsprechende Alter angeboten?
  - Werden die einzelnen Bestandteile des Messers gezeigt, erklärt und gefährliche Bereiche, wie die Messerspitze, deutlich herausgestellt?
  - Wird auf den sicheren Umgang mit dem Messer geachtet und dieser nötigenfalls verbessert?
  - Werden Messer am Griff und mit der Klinge nach unten transportiert?
- Werden Sicherheitsvorschriften für elektrische Geräte beachtet, z. B.
  - das Kabel am Stecker aus der Steckdose ziehen,
  - elektrische Geräte nicht mit nassen Händen bedienen oder auf Nassflächen abstellen,
  - nicht in laufende Rührwerke fassen,
  - hängende Kabel nach Gebrauch um das Gerät wickeln,
  - Empfindlichkeit gegen Fall (Gehäuse) und gegen Hitze (Kabel) beachten,
  - Gerätegeräusche ansprechen und auf abweichende Geräusche aufmerksam machen,
  - ausreichend Zeit für die sorgfältige Bedienung einplanen,
  - Schaltsymbole an elektrischen Geräten erläutern, auf die Signalfarbe „rot" hinweisen,
  - Schaltstufe zwei bei Handrührgeräten bevorzugen, jedoch die Kinder die niedrigere, bzw. höhere Stufe unter Aufsicht ausprobieren lassen,
  - den Kindern bei Bedienung elektrischer Geräte Hilfestellung leisten,
  - bei Bedienung des Handrührgerätes lose Schmuckteile abnehmen, Ärmel zurückschieben, lange Bänder und Schleifen an Kleidung vermeiden, lange Haare zusammenbinden.

- Werden Sicherheitsvorschriften zur Vermeidung von Sturzunfällen beachtet, z. B.
  - Aufwischen von Wasserpfützen,
  - Aufheben und Entsorgen von Schalenresten, zertretenem Obst auf dem Boden,
  - Schaffen von genügend Bewegungsraum für jedes Kind,
  - überlegtes Führen von Stromkabeln.

Sozialpädagogische Aspekte

- Leitet die Kinderpflegerin die Gruppe als künftige Fachkraft an?
- Erfolgt die Anleitung der Mitschülerinnen im Rollenspiel kindgerecht?
- Entsprechen die Einzeltätigkeiten der Aufgabe dem Alter der Kinder?
- Gelingt es, eine angenehme Gruppenatmosphäre zu schaffen?
- Ist der Gruppenzusammenhalt gewährleistet? Ablenkungen, Langeweile, zu geringe Ernsthaftigkeit usw. führen häufig zur „Auflösung" der Gruppe.
- Werden Grenzen gesetzt?
- Sind die Vorarbeiten der Kinderpflegerin langsam und präzise?
- Werden die einzelnen Arbeitsschritte logisch und leicht nachvollziehbar vorgezeigt?
- Ist der Zeitpunkt und der Umfang beim Einsatz von methodischem Material, z. B. Bücher, Bildtafeln, Warenproben usw. überlegt?
- Wird die Handlung mit einfachen, leicht verständlichen Worten begleitet?
- Werden Aussagen und Handlungen begründet?
- Werden Fragen und Kommentare der Kinder berücksichtigt, auch wenn diese nicht eingeplant sind?
- Werden die Fragen der Kinder ernst genommen, auch wenn die Kinderpflegerin aktuell überfragt ist? Wird die fehlende Information den Kindern nachgeliefert?
- Ist die Sprache kindgemäß in Hinblick auf Wortmenge, Wortwahl und Lautstärke?
- Werden unbekannte Begriffe verwendet, wie ein viertel Liter, achteln, halbieren usw.? Wie werden diese den Kindern verdeutlicht?
- Werden Begriffe aus der Umgangssprache verwendet, z. B. Dreck anstatt Schmutz?
- Werden die Kinder zum Sprechen motiviert?
- Werden die Antworten der Kinder unnötig wiederholt?
- Nimmt sich die Kinderpflegerin bei der Tätigkeit der Kinder zurück? Überwacht und fördert sie deren Tätigkeit?
- Ist jedes Kind für seinen Arbeitsplatz zuständig?
- Werden Sinnesübungen deutlich herausgestellt?
- Ist die Konzentration der Kinderpflegerin ausdauernd?
- Wie kreativ geht die Kinderpflegerin mit unvorhergesehenen Ereignissen um?

Beziehen Sie die oben genannten Überlegungen bei der Durchführung ihrer gezielten hauswirtschaftlichen Angebote überlegt und sinnvoll mit ein. Die Auseinandersetzung mit diesen Überlegungen ist an der praktischen Arbeit ersichtlich.

Aufgabe

1.3.3 Abschluss

Ziele: Der Abschluss des Angebotes dient der Vertiefung, der Zusammenfassung und der Abrundung des Themas. Die Kinder erfahren den erlebten Vorgang als etwas „Geschlossenes, Ganzes", dabei steht die Entspannung der Kinder im Vordergrund.

Je nach vorhandener Konzentration und Motivation der Kinder bieten sich verschiedene einfache, spielerische Abschlussmöglichkeiten an.

Nach dem gemeinsamen Aufräumen und Säubern des Arbeitsplatzes holt die Kinderpflegerin die Kinder nochmals kurz zusammen.

Möglichkeiten des Abschlusses

- **Das Puzzle**
  Die Kinderpflegerin zerschneidet gezeichnete Abbildungen der verarbeiteten Materialien und klebt diese unzusammenhängend, z. B. auf Tonpapier. Jedes Kind erhält ein Blatt, schneidet die Einzelstücke aus und setzt sie zu dem gewünschten Ganzen zusammen.

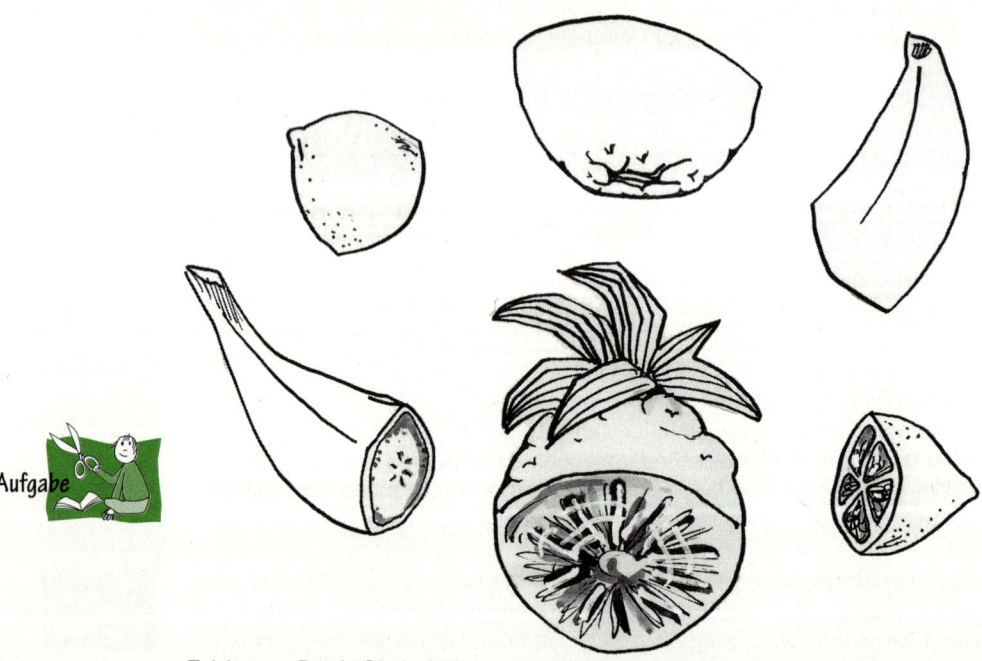

Zeichnung „Puzzle Obstsalat"

- **Spiele**, z. B.
  - zum **Zuordnen**

Waschtag bei den Zwergen. Alle Anziehsachen hängen auf der Leine. Die Kinder sollen die einzelnen Kleidungsstücke den drei Zwergen zuordnen. Da jeder Zwerg seine Lieblingsfarbe hat, können die jeweiligen Teile bunt ausgemalt werden. Die Kinder benötigen dazu drei verschiedenfarbige Stifte.

  - zum **Raten**

Ein Obstkorb oder die Abbildung eines Obstkorbes wird angeboten. Dieser ist mit den verarbeiteten Obstsorten, aber auch mit einigen Gemüsen gefüllt. Ist in dem Korb nur Obst, oder haben sich auch andere Dinge eingeschlichen? Wer kennt die Namen aller Früchte?

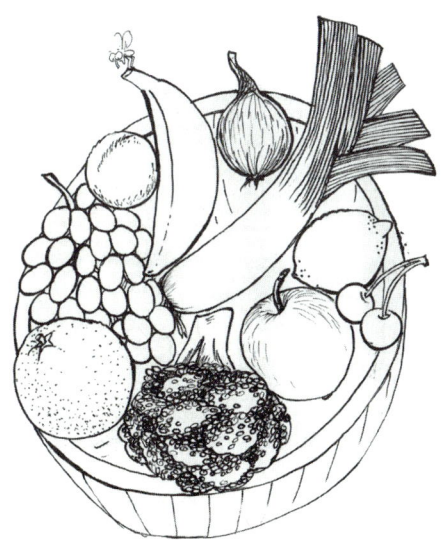

– zum **Würfeln**

Beim „Obstspiel" erhält der Gewinner ein Stück Obst nach Wahl.
Viele Kinder essen gerne Obst. Und wenn man bei diesem Spiel ein Stück
Apfel, Birne oder Banane gewinnt, schmeckt es doppelt gut. Vielleicht
lässt sich auch manch einer spielerisch zum Obstessen „verführen".

Man benötigt:

* weißen Karton (35x35 cm),
* transparente Selbstklebefolie (40x40 cm),
* schwarzen Filzstift, Holzfarben, Radiergummi,
* Zirkel, Bleistift, Lineal, Schälchen,
* 4 Spielsteine, Farbenwürfel.

1. Zuerst werden auf dem Karton mit Lineal und Bleistift zwei diagonale Linien gezogen.

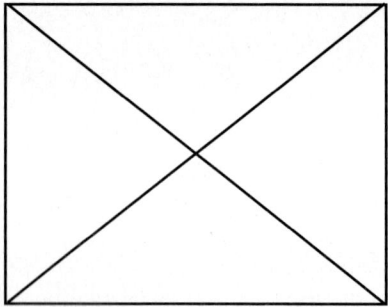

2. Am Mittelpunkt sticht man mit dem Zirkel ein und zieht einen Kreis von etwa 7 cm Durchmesser.

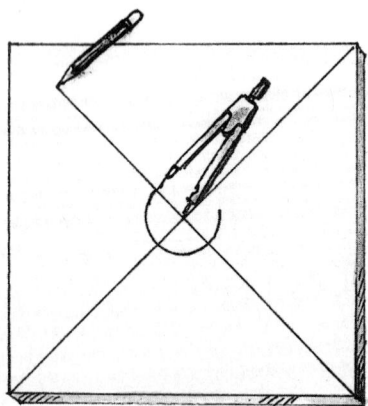

3. Als nächstes malt man das Obst mit Holzfarben an den diagonalen Linien entlang.
   In diesem Beispiel sind es Pflaumen, Birnen, Bananen und Äpfel. Wer möchte, kann auch andere Obstsorten auswählen.

In die vier freien Zwischenräume wird das Obst nun groß hinein gezeichnet. Beim Bemalen ist darauf zu achten, dass die Obstfarben mit den Farbpunkten auf dem Würfel übereinstimmen.

4. Die Umrisse des Obstes werden mit einem schwarzen Filzstift nach gezogen und die Bleistiftstriche mit dem Radiergummi entfernt.

5. Das Spiel wird mit transparenter Selbstklebefolie überzogen, so ist es gut vor Schmutz geschützt.

6. Zum Schluss stellt man auf den Kreis ein Schälchen mit Obst und setzt an jedes Eck einen Spielstein.

Spielregel:

Nun kann es losgehen. Insgesamt können vier Personen mitspielen. Es wird reihum gewürfelt, der jüngste Teilnehmer darf beginnen. Die Farben des Obstes müssen der Reihe nach gewürfelt werden, bei Rot wird begonnen. Würfelt jemand Weiß, kann er nochmals werfen, bei Schwarz muss einmal ausgesetzt werden. Wer als Erster das Schälchen erreicht hat, ist Sieger und darf sich ein Obststückchen auswählen. Viel Spaß beim Spielen!

(Quelle unbekannt)

- **Überlegungsaufgaben**, z. B.:
  Jedes der teilnehmenden Kinder erhält eine Kopie mit Abbildungen bekannter Obstsorten, die gewaschen und mit solchen, die geschält werden müssen.

Aufgabe

„Male einen roten Kreis um die Obstsorten, die gewaschen werden müssen. Male einen grünen Kreis um die Obstsorten, die geschält werden müssen."

Jedes Kind erhält eine Kopie der Darstellung von Kindern beim Plätzchen backen.

Die Abbildung kann auch im Großformat in der Mitte des Tisches liegen. Alle beteiligten Kinder haben Zugang zum Bild.

Aufgabe

Von welcher Plätzchensorte gibt es die meisten? Welche Plätzchenform wurde noch nicht ausgestochen?

- **Ergänzungsaufgaben**, z. B.:
  Eine Abbildung vom Bauernhof ist unvollständig. Die fehlenden Teile wer-
  den von der Kinderpflegerin als Kärtchen vorbereitet. Die Kinder füllen die
  Lücken mit den passenden Ergänzungen aus.

- **Gegenstände erkennen und benennen**, z. B.:
  Die Kinder betrachten eine Abbildung mit vielerlei Küchengeräten. Sie finden die verwendeten Geräte heraus und versuchen, Namen für die unbe-
  kannten Geräte zu finden. Die im Angebot verwendeten Gegenstände
  werden farbig ausgemalt.

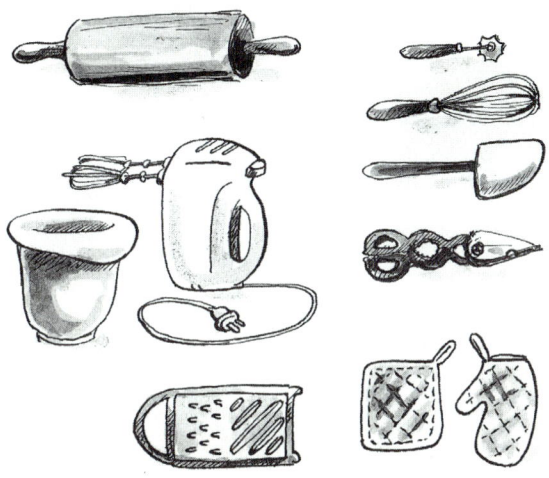

- **Finden von Verbesserungsvorschlägen für sicherheitswidriges Verhalten bei hauswirtschaftlichen Tätigkeiten.**
  Die Kinder betrachten ein passendes Gefahrensuchbild. Gemeinsam werden gefährliche Situationen oder Verhaltensweisen „entlarvt" und Verbesserungsvorschläge gefunden (siehe Kapitel 2.5.1).

- **Einsatz der Bildtafel** (siehe Kap. 1.4)
- **Lied, Reim, Fingerspiel, Rätsel**

- **Vortragen eines Gedichtes**, z. B.
  „Nach dem Spülen" von Erwin Grosche

Und Löffel zu Löffel ins Löffelfach
Und Gabel zu Gabel ins Gabelfach
Und Messer zu Messer ins Messerfach

Ach was für'n Krach!
Wenn ich will, bin ich still.

(geflüstert)
Und Löffel zu Löffel ins Löffelfach
Und Gabe zu Gabel ins Gabelfach
Und Messer zu Messer ins Messerfach

Wenn ich will, bin ich still.
Manchmal, wenn ich lustig bin,
werf ich alles lustig hin:

Und Löffel zu Löffel ins Gabelfach
Und Gabel zu Gabel ins Messerfach
Und Messer zu Messer ins Löffelfach

Manchmal, wenn ich lustig bin,
werf ich alles lustig hin.
Manchmal geht es mir so gut,
da packt mich der Übermut:

Und Löffel zu Gabel ins Messerfach
Und Gabel zu Messer ins Löffelfach
Und Messer zu Löffel ins Gabelfach

Wenn ich will –
bin ich still.

(Sprich dieses Gedicht tatsächlich
mal beim Einräumen des Bestecks)

(Quelle unbekannt)

Nach Abschluss des Angebotes wird das Zubereitete gemeinsam verzehrt.

Ein liebevoll gedeckter Tisch fördert eine angenehme Atmosphäre.

Ein kindgemäß gestaltetes Rezeptblatt kann zum Nachmachen mit nach Hause gegeben werden.

1. *Finden Sie drei weitere geeignete Methoden, um hauswirtschftliche Angebote kindgemäß abzuschließen. Beziehen Sie dabei die Bereiche Haus- und Textilpflege mit ein.*

2. *Welche Zeitdauer ist Ihrer Meinung nach für den Abschluss angemessen? Begründen Sie Ihre Aussage.*

1.4   Bildtafel (Rezepttafel, Arbeitstafel) 4-6 Jahre

Sie dient der optischen Darstellung von

- Materialmengen, z. B. drei Tassen, zwei Esslöffel usw.
- Materialarten, z. B. Mehl, Zucker, Glas, Porzellan usw.

Meist wird durch die Anordnung der einzelnen Abbildungen eine Arbeitsreihenfolge angegeben.

Einsatz der Bildtafel im Fach Praxis- und Methodenlehre Hauswirtschaft an der BFS-Kinderpflege zum hauswirtschaftlichen Angebot „Fasching im Kindergarten – Limonade"

Empfehlungen zur Herstellung und Gestaltung

Die Tafel besteht aus stabilem Plakat- oder Fotokarton in einer kontrastierenden Farbe. Die Größe wird von der gewünschten Darstellung des Inhalts bestimmt.

Die Abbildungen werden z. B.

- gezeichnet,
- aus Tonpapier angefertigt,
- aus Originalverpackungen hergestellt (Zuckertüte, Fettverpackung, Backpulvertüte usw.).

Es versteht sich von selbst, dass das Verpackungsmaterial auf der Tafel sauber und fettfrei ist und der Originalverpackung der verwendeten Zutaten entspricht.

Bildtafel zum Thema „Kuchen backen",

Eine logische Reihenfolge in der Darstellung fördert das reibungslose Ablaufen des Angebotes.
Die Tafel ist einfach und übersichtlich strukturiert. Bevorzugt werden große und klare Formen.
Bei der Farbwahl ist eine Reduzierung auf wenige, klare Farben ratsam.
Die Abbildungen werden unter sinnvoller Ausnutzung der Tafelfläche sauber aufgeklebt.
Die fertige Tafel wird durch einen Überzug mit transparenter Selbstklebefolie geschützt.

Beachten Sie:

> Werden Zutatenmengen in Tassen- und Löffelmaßen dargestellt, ist es empfehlenswert, vor Herstellung der Tafel, die Zutaten mit Tassen und Löffeln der Einrichtung abzumessen, da die privaten Geschirrteile meist andere Maße aufweisen.

Mengen in rezeptüblichen Maßeinheiten wie Gramm, Milliliter usw. werden in Tassen- und Löffelmaße übertragen und somit für die Kinder leichter verständlich und nachvollziehbar gemacht.

> Es ist ratsam, sich bei der Bildtafelgestaltung die Kindergruppe mit ihren individuellen Merkmalen im Hinblick auf Ausdauer, Konzentration, Motivation und Wissensstand vorzustellen.

Pädagogischer Wert

Die Bildtafel ist eine methodische Möglichkeit von vielen.
Eine Reihe positiver Erfahrungen aus dem Kindergartenbereich spricht für deren überlegten Einsatz.

Die Bildtafel
- stellt einen optischen Reiz für die Kinder dar,
- sie spricht, bei kindgemäßer Darstellung, das kindliche Gemüt an,
- sie ist motivierend,
- sie fördert Fähigkeiten, wie
  - Sprechen und Verbalisieren,
  - Unterscheiden,
  - Zusammenhänge herstellen,
  - sich Vorgehensweisen merken.

Bleibt die Bildtafel über längere Zeit im Gruppenraum hängen, können sich die Kinder nochmals mit der Aufgabe beschäftigen. Dadurch können Anreize für weitere hauswirtschaftliche Angebote entstehen.

Tipp zur Methode

Kinder müssen sich an diese Form der Methode gewöhnen. Für die Kinderpflegerin ist es ratsam, Bildtafeln während des Jahres mehrmals einzusetzen. Eine Bildtafel ausschließlich als „methodischen Gag" in der Prüfung anzubieten, beinhaltet das Risiko des Misserfolgs.

Einsatzmöglichkeiten
- In der Einleitung, z. B.
  zum Aufstellen von Vermutungen über das beabsichtigte Angebot und zur Motivation (Neugierde, Interesse wecken).
- Im Hauptteil, z. B.
  zum Erarbeiten der benötigten Materialmengen und -arten, der Geräte und Hilfsmittel und einer Arbeitsreihenfolge.
- Im Abschluss, z. B.
  - durch Fragen werden Materialmengen und -arten, sowie der Einsatz von Geräten und Hilfsmitteln wiederholt,
  - absichtlich fehlende Bestandteile der Tafel werden durch das erlernte Wissen der Kinder ergänzt, z. B. eine fehlende Zutat, ein unvollständiges Maß usw.

Fertigen Sie eine Rezepttafel zu einem hauswirtschaftlichem Thema nach freier Wahl an. Nehmen Sie dazu Rücksprache mit Ihrer Praktikumsanleiterin.

Aufgabe

1.5 Schriftliche Vorbereitung des gezielten hauswirtschaftlichen Angebotes

Die schriftliche Vorbereitung ist ein unverzichtbares Hilfsmittel, wodurch die angehende Kinderpflegerin lernt, ihre Gedanken zu ordnen und diese sprachlich klar und deutlich zu formulieren.

(vgl. Finkenzeller, A./u.a.: Praxis- und Methodenlehre Sozialpädagogik, 1998, S. 285)

Auch wenn im Fach Praxis- und Methodenlehre Hauswirtschaft das gezielte Angebot in der Regel mit Mitschülerinnen im Rollenspiel durchgeführt wird, muss an der schriftlichen Vorbereitung die Eignung der Lerninhalte und Methoden für die Kinder ersichtlich sein.

Tipp zur Methode

Das Ausprobieren des geplanten Angebotes zu Hause gibt Ihnen die Möglichkeit, Zeitaufwand, Unfallgefahren und Fehlerquellen zu erfahren. Dieses trägt erheblich zum Gelingen der praktischen Durchführung bei.

An ausgewählten Beispielen werden im Folgenden verschiedene Formen der schriftlichen Vorbereitung aufgezeigt.

1.5.1 Gliederung für die schriftliche Vorbereitung zum Thema „Bananenmixmilch"

1. Aufgabe

Zubereiten einer Bananenmixmilch

Rahmenplanthema „Natur erleben" – Gesunde Dinge aus der Natur genießen

2. Zielsetzung

Welches vorrangige Grobziel wird angestrebt?
Wie können treffende hauswirtschaftliche Feinziele (drei bis fünf) formuliert werden?

Beispiele für die Beschreibung von **Grobzielen**
Die Kinder erwerben praktische Fertigkeiten in unterschiedlichem Umfang. Dabei erproben sie Geruchs- und Geschmacksqualitäten. (s. Kap. 1.1.2)

Beispiele für die Beschreibung von **Feinzielen**
– **Die Kinder be- und verarbeiten die Lebensmittel mit Hilfe einfacher Küchengeräte. Dabei beschreiben sie deren typischen Geruch und Geschmack.**
– **Sie üben sich in einfachen Techniken, wie zerdrücken, zermusen usw.,**
– **die Kinder gießen das Getränk mithilfe der Kinderpflegerin sorgfältig um,**
– **die Kinder werden zu einer hygienischen und sicherheitsbewussten Arbeitsweise angeleitet.**

3. Materialien
3.1 Lebensmittel

Wie lautet die genaue Rezeptangabe?
Wie hoch ist der Bedarf an Zutaten ggf. für die ganze Gruppe?
Rezept „Bananenmixmilch" für 4 Personen:
2 reife Bananen
1 Zitrone (Saft)
1 l Vollmilch
Kleehonig zum Süßen nach Bedarf oder
1 Vanilleeiskugel pro Glas

3.2 Arbeitsmittel   Welche und wie viele Arbeitsmittel sind vorzubereiten?
Beispiele:
5 Schneidebretter
5 Messer
5 Gabeln
1 Schüssel
1 Zitronenpresse usw.
5 Schwammtücher, Spülmittel usw.
zum Anrichten
2 Tabletts
Gläser entsprechend der Anzahl der Kinder
Strohhalme entsprechend der Anzahl der Kinder usw.

3.3 Anschau-
ungsmittel
(methodisches
Material)

Welches methodische Material wird eingesetzt?

Beispiele:
Bildtafel (s. Kap. 1.4)
Bilderbuch mit Titelangabe
Kochbuch mit Titelangabe u.ä.

4. Hygiene   Welche Hygienemaßnahmen sind erforderlich?
(s. Kap. 1.2.7 und 1.3.2)

5. Raum und Zeit   Welcher Raum steht zur Verfügung?
(s. Kap. 1.2.2)
Ist der Arbeitsraum gelüftet?
Welche Tageszeit und Dauer ist geplant?

6. Arbeitsplatz-
vorbereitung

Wie sieht der Arbeitsplatz aus? (Skizze oder
Beschreibung)

7. Gruppe   Wer nimmt am Rollenspiel in der Schule teil?
Wie viele Personen sind beteiligt und wie heißen sie?
Wer kommt als „Ersatzkind" in Frage?
Wie alt sind die „Teilnehmer" im Kindergarten?
Welcher Nationalität und Religion gehören sie an?
Sind Besonderheiten in der Gruppe zu beachten?

8. Abrechnung   Wie erfolgt die Abrechnung?
(s. Kapitel 1.2.6)
Welche Lebensmittel sind vorhanden und welche müssen angeschafft werden?

Die Kinderpflegerin ist mit der „Grundregel" für hauswirtschaftliche Aufgaben, vor allem aus den Bereichen Kochen und Backen, bestens vertraut. Diese lautet:

Beachten Sie:

> Bevor mit der Arbeit begonnen wird, sollte langes Haar zusammen gebunden, die Hände gründlich gewaschen und eine Schürze angezogen werden.

Was? = Lerninhalt Welche Inhalte sollen den Kindern vermittelt werden?	**Wie, womit?** = Methode Auf welche Art und Weise wird der Lerninhalt vermittelt?	**Warum?** = Begründung Warum wurde diese(s) Methode, Material gewählt?
Einleitung Die Kuh produziert Milch.	Die Kinder sitzen im Stuhlkreis. Zeigen der Abbildung einer Kuh aus dem Bilderbuch. „Wie sieht die Kuh auf dem Bild aus? Wer hat schon eine echte Kuh gesehen? Was bekommen wir von der Kuh?" Die Kinder zählen Verschiedenes auf und nennen dabei den Begriff „Milch". Wo sammelt sich die Milch im Körper der Kuh?	Die Sozialform ist vertraut. An Bekanntes anknüpfen. Veranschaulichen. Vorwissen „herauslocken". Zum Sprechen anregen.
Die Namen der Hauptzutaten für Bananenmixmilch lauten: Milch, Banane, Zitrone.	In einem Korb sind Milch, Bananen und Zitronen unter einem Tuch verborgen. Jedes Kind darf unter das Tuch greifen und fühlen. Die Namen werden durch Raten gefunden. Die erratenen Lebensmittel werden aus dem Korb genommen und auf den Tisch gestellt.	Sinnliche Erfahrungen erhöhen die Motivation.

Zielangabe
„Wir stellen heute gemeinsam eine Bananenmixmilch her!"
Zielvorstellung: Abbildung einer Mixmilch.

„Was können wir aus Bananen, Zitronen und Milch zubereiten? Habt ihr eine Idee?"
Die Kinder machen Vorschläge. Der richtige Vorschlag wird bestätigt. Das Kind wird aufgefordert, nochmals für alle hörbar zu sagen, was gemacht werden soll. Den Kindern wird die Abbildung der Bananenmixmilch im Kinderkochbuch gezeigt. Die Kinder beschreiben nach Aufforderung das Bild.

Vorwissen „herauslocken".
Zum Sprechen anregen. Zusammenhänge herstellen.

So wissen sie, wie das fertige Getränk aussehen soll.

**Hauptteil
Die Zubereitung des Rezeptes**

Schürzen anziehen, lange Haare zusammenbinden, Händewaschen.

Die Kinder werden aufgefordert, ihre Kochkleidung anzuziehen, sich dabei gegenseitig zu helfen und zuletzt, sich die Hände (wie gewohnt) zu waschen.

Mit Hygienemaßnahmen vertraut werden.

Unfallgefahren durch Ausrutschen beim Händewaschen beachten! Deshalb: Wasser nur schwach aufdrehen, nicht herumspritzen. Die Hände flott aber gründlich waschen.

„Wer zeigt, wie wir den Wasserhahn richtig aufdrehen?" Dabei wird darauf geachtet, dass möglichst wenig Wasser auf dem Boden verspritzt wird. Für alle Fälle wird ein Eimer mit Wischlappen vorbereitet. Verspritztes wird von den Kindern unter Anleitung aufgewischt.
Wenn nötig, wird Hilfestellung gegeben.

Unfallgefahr aufzeigen und ggf. selbstständig beseitigen.

Arbeitsplatz mit Arbeitsmitteln vorbereiten.

Jedes Kind trägt, nach Anleitung, zur Vorbereitung des Arbeitsplatzes bei. Es wird berücksichtigt, dass jedes Kind genügend Bewegungsfreiheit zum Arbeiten hat.
Ein Kind verteilt die vorbereiteten Schwammtücher.
Ein Kind verteilt die Brettchen.
Ein Kind verteilt zwei Zitronenpressen.
Ein Kind holt die Abfallschüssel und den Ordnungstopf[1] und stellt beides in die Mitte.

Selbstständigkeit fördern.

Alle beteiligten Kinder auslasten.

---

[1] Ordnungstopf: ein Sammelbehälter (Messbecher, Milchtopf, hoher Plastikbecher), in dem Messer, Gabeln, Löffeln usw. gesammelt werden.

Verarbeitung der Lebensmittel.	Alle setzen sich um den Tisch. Die Zitrone wird hochgehoben. „Bevor wir die Banane zerschneiden, brauchen wir etwas Zitronensaft. Wer weiß, wie es geht?"	Erfahrungen der Kinder einbeziehen.
	Vermutlich fragen die Kinder, warum der Saft benötigt wird. Die Frage wird an die Gruppe zurückgegeben. „Wer weiß es?" Wenn niemand die Antwort weiß, verweist man auf den Zeitpunkt, an dem der Zitronensaft gebraucht wird. Während des Rollens der Zitrone wird der Vorgang begründet. Jeweils zwei Kinder machen es mit jeweils einer Zitrone nach. Hier geht das feste Rollen noch nicht so leicht. Die Kinder stellen fest: „Wir brauchen beide Hände und unser Gewicht." Vermutlich fragen die Kinder wiederum, weshalb es so gemacht wird. Erneut bietet es sich an, die Frage an die Gruppe zurückzugeben. Wenn niemand die Antwort weiß, könnte man sagen: „Wir können auf diese Art viel Saft aus der Zitrone gewinnen."	Spannung und Neugierde aufrecht erhalten. Neue Kenntnisse werden gewonnen.
Regeln für den Umgang: Messer fest am Griff halten, die Schneide zeigt nach unten, die Messerspitze zeigt beim Schneiden vom Körper weg, nach Benutzung in den Ordnungstopf zurückstellen, wie bei der Schere gilt: Nicht mit dem Messer laufen, nicht in der Luft herumfuchteln, Messer am Körper mit der Spitze nach unten tragen.	Küchenmesser oder Tafelmesser werden hochgehoben und sollen von den Kindern benannt werden. „Wer weiß, wie man mit dem Messer richtig umgeht?" „Wo sitzt der Schneideteufel?" Die Kinderpflegerin zeigt beim Teilen der Zitrone, wie das Messer richtig in der Hand geführt wird.	Vorwissen der Kinder einbeziehen. s. Kap. 2.5.3

Sie fordert die Kinder auf, genau zu beobachten. Nach dem Schneiden werden im Gespräch die wichtigsten Regeln für den Umgang mit dem Messer gefunden.

Sicheres Verhalten fördern.

Zitrone fachgerecht halbieren.
Bei harten Schalen ist mit Druck zu schneiden bzw. zu sägen, bei weichen Früchten genügt oftmals leichter Druck auf das Messer.

Die Kinderpflegerin zeigt das Anschneiden der Zitrone in der Mitte und fragt, wer die Zitrone ganz durchteilen möchte.
Sie teilt die Messer aus. Gemeinsam wird die richtige Haltung des Messers, das richtige Tragen usw. geübt.
Das richtige Verhalten wird nochmals langsam vorgeführt.

Erfahrungen sammeln durch Ausprobieren.

Zwei Kinder dürfen zusammen eine Zitrone zerteilen. Die Kinder stellen fest: „Das geht oft nicht ohne Hilfe. Bei sehr dicken, festen Schalen braucht man sehr viel Kraft. Man muss die Schale richtig „durchsägen"!

Selbstständigkeit fördern und für eine Aufgabe verantwortlich sein.

Die Messer nach Gebrauch mit der Spitze nach unten in den Ordnungstopf zurückstellen.

Sicheres Verhalten fördern.

Zitronensaft gewinnen durch Ausdrücken oder Auspressen mithilfe der Zitronenpresse.

„Wie erhalten wir den Zitronensaft?" Zur Unterstützung wird die Zitronenpresse deutlich sichtbar hochgehoben. Die Kinder nennen den Namen des Arbeitsmittels und benennen die Technik.

Ein Kind wird ermutigt, das Auspressen vorzumachen, die anderen beobachten. Wenn nötig, wird Hilfe angeboten.
Ein Kind darf die Presse halten, ein anderes Kind presst eine Zitronenhälfte aus.

Die Kinder zeigen ihre praktischen Erfahrungen.

Wer möchte, darf den Saft probieren.
„Er schmeckt und riecht sauer."

Die Kinder sammeln Erfahrungen durch Schmecken und Riechen.

	Die Kinder „beschnuppern" ihre Hände. „Auch sie riechen sauer." Die Kinder erfahren, dass auch die Schale sehr stark duftet.	
	Schon beim Riechen läuft das Wasser im Mund zusammen.	Durch sinnliche Erfahrungen entstehen Gefühlseindrücke.
½ - 1 Banane pro Kind schälen und grob zerkleinern.	Jedes Kind darf sich eine Banane wegnehmen und schälen. Alle Schalen kommen in die Abfallschüssel. Die Kinder dürfen die Banane auf dem Brett in größere Stücke schneiden. Die Kinderpflegerin zeigt es vor und teilt dann die Messer wieder aus. Bei Schwierigkeiten unterstützt sie die Kinder, schneidet selbst aber nicht mit.	Das Einschneiden der Banane am Stielansatz erleichtert das Schälen.
Bananen mit der Gabel auf dem Arbeitsteller zerdrücken oder zermusen. Die Zitrone beimengen.	Jedes Kind holt nach Aufforderung einen Arbeitsteller und eine Gabel vom Materialtisch ab.	Arbeitsmittel richtig auswählen.
	Das Zerdrücken wird vorgemacht und die Technik benannt. Jedes Kind zerdrückt oder zermust seine Banane im Arbeitsteller.	Neue Kenntnisse werden gewonnen.
	„Was war leichter? Das Durchschneiden der Zitrone oder der Banane?" Abschließend wird zerdrückt, was noch zu grob ist. Der Zitronensaft wird zugegeben, damit die Banane sich nicht braun verfärbt.	Materialunterschiede kennen lernen.
Bananenmus in eine Schüssel mit Ausgießer geben, kalte Milch unterrühren. Keine Zuckerzugabe!	Die Kinder werden aufgefordert, den Bananenbrei in einen Krug oder eine Rührschüssel mit Ausgießer zu leeren. Hier ist sicherlich Hilfe nötig.	
	Gleichzeitig wird darauf geachtet, dass die Kinder sich nicht laufend die Finger abschlecken oder gar in die Bananen fassen und herausessen.	Hygienemaßnahmen einhalten.

Wer mag, darf probieren. „Bananen schmecken süß und duften süßlich." Ein Kind darf die Milch zugießen, ein anderes rühren, das dritte Kind hält die Schüssel. Das vierte Kind stellt die Gläser bereit.

Die Kinder sammeln Erfahrungen durch Schmecken und Riechen.

„Wie viel Milch füllen wir jeweils in ein Glas?" Sollten die Kinder bis an den oberen Rand zeigen, rate ich davon ab und empfehle, nur zur Hälfte zu füllen und bei Bedarf wieder nachzufüllen.
Ich helfe die Schüssel oder den Krug zu halten. Jedes Kind kommt zum Ausgießen an die Reihe. Die anderen beobachten und sagen „Halt".

Vermeidung von Speiseresten, die nur weggeschüttet werden. Die Kinder sollen bewusst zu sparsamen Umgang mit den Lebensmitteln angehalten werden.

Mixmilch in Gläser verteilen und mit Eis verfeinern.

Zuletzt gibt es noch eine Überraschung. Die Kinder begleiten mich zum Kühl- oder Gefrierschrank. Ich nehme Vanilleeis heraus. Von zu Hause habe ich einen Eisportionierer mitgebracht. Es wäre auch möglich, das Eis in Würfel zu schneiden.
Auch hier darf jedes Kind, nachdem ich die Tätigkeit vorgezeigt habe, aktiv werden.

Die Zugabe von Eis verbessert den Geschmack und erspart das Abschmecken.

Zuletzt stecken wir einen dicken Strohhalm in das Glas.

„Das Auge isst mit."

Abschluss
Regeln für den Umgang mit Messern.

„Jetzt sind wir fertig! Seid ihr zufrieden mit eurer Arbeit?
Wer weiß noch, wie wir richtig mit dem Messer umgehen müssen, damit wir uns nicht verletzen? Finden wir die Regeln gemeinsam zusammen?

Die Regeln werden durch wiederholen vertieft.

Ihr habt sehr schön geantwortet und gearbeitet! Mit solchen Kindern macht das Arbeiten Spaß!"

Positives Verstärken durch Lob.

Das gemeinsame Aufräumen des Arbeitsplatzes ist an sinnvoller Stelle mit einzuplanen.

1.5.2 Gliederung für die schriftliche Vorbereitung zum Thema „Geschirrspülen mit Kindern"

1. Aufgabe

Geschirrspülen mit Kindern
Rahmenplan „Natur erleben" – Wasser

2. Zielsetzung

Welches vorrangige Grobziel wird angestrebt?
Wie können treffende hauswirtschaftliche Feinziele (drei bis fünf) formuliert werden?

Beispiele für die Formulierung von **Grobzielen**

**Die Kinder erwerben praktische Fertigkeiten
in unterschiedlichem Umfang. Die Kinder erkennen, dass Ordnen und Sortieren Arbeit-
serleichterung und Zeitersparnis bedeuten.
Die Kinder erwerben praktische Fertigkeiten
in unterschiedlichem Umfang. (s. Kap. 1.1.2)**

Beispiele für die Formulierung von Feinzielen

**– Die Kinder sortieren die zu spülenden Ge-
genstände mit Hilfe einer Bildtafel, um eine
Reihenfolge für das Spülen festzulegen,**

**– die Kinder erkennen Verletzungsgefahren
durch beschädigtes Material, verschüttetes
Wasser und durch Spülmittel,**

**– die Kinder bestimmen die Wassertempera-
turen und die Wassermengen,**

**– die Kinder spülen das Geschirr unter Anlei-
tung der Kinderpflegerin ab,**

**– die Kinder unterscheiden Wassertempera-
turen (kalt-warm) und die Beschaffenheit
des Wassers (mit und ohne Spülmittel).**

3. Materialien
3.1 Arbeitsmittel

Verschiedene Geschirr- und Besteckteile in aus-
reichender Menge, damit sich jedes Kind an je-
dem Material erproben kann, z. B. Glas, Porzel-
lan, Metall, Kunststoff, Holz usw.
Zusätzlich benötige ich
Spülmittel
Spülbürste
Schwammtücher
Geschirrtücher
Tablett oder Servierwagen, usw.

3.2 Anschauungsmittel (methodisches Material)	Bildtafel ein Tablett mit unsortiertem, benutztem Geschirr, usw.
	ein Tablett mit defektem Glas und Porzellan
4. Hygiene	Welche Hygienemaßnahmen sind erforderlich? (s. Kap. 1.2.7 und 1.3.2)
5. Raum und Zeit	Welcher Raum steht zur Verfügung? (s. Kap. 1.2.2)
6. Arbeitsplatz-vorbereitung	Wie sieht der Arbeitsplatz aus? (Skizze oder Beschreibung)
7. Gruppe	s. Kap. 1.5.1, Abschnitt Nr. 8
8. Abrechnung	Welche Reinigungsmittel sind vorhanden und welche müssen angeschafft werden? s. Kap. 1.5.1, Abschnitt Nr. 9

Was?	Wie?	Warum?
Einleitung Durch die Erkrankung der Küchenfrau muss das Geschirr selbst gespült werden.	„Ihr wisst, dass Frau Müller heute krank ist. Unser Geschirr vom Mittagessen steht noch immer auf dem Wagen. Was können wir tun?"	Anknüpfen an ein Ereignis aus dem Alltag. Situativer Ansatz.
Zielangabe „Wir spülen ab." **Zielvorstellung** Benutztes Geschirr steht abgedeckt auf einem Servierwagen.	Die Kinder nennen die Aufgabe. Sie werden gebeten, den Servierwagen aufzudecken.	
Hauptteil 1. Erkennen, Benennen und Sortieren verschiedener Gegenstände des Haushalts, z. B. Glas, Porzellan, Besteck a) Materialien: Glas: Gläser zum Trinken = Trinkgläser/glas Becher = Eisbecher *das* Glas, der Becher Porzellan: Speiseteller Kaffeetasse Edelstahl: Besteck: Messer, Gabel, Löffel, Kuchengabel, Teelöffel	Anhand der Bildtafel wird das erste Material „Glas" ermittelt. Jedes Kind sucht sich ein Glas aus, benennt es und stellt es auf die rechte Seite der Spüle. Auf der Tafel ist ersichtlich, dass Glas bei Beschädigung Verletzungsgefahren aufweisen kann. Auf einem Tablett wurden beschädigte Glas- und Porzellangegenstände vorbereitet und mit einem Tuch abgedeckt.	Umgang mit der Bildtafel üben. Der Kenntnisstand wird festgestellt. Am Beispiel Glas werden Verletzungsgefahren **exemplarisch** dargestellt.

Kunststoffe: Messbecher, Abfallschüssel Holz: Brettchen Edelstahl und Gusseisen: 1 Topf mit Deckel 1 Pfanne	Ein Kind deckt auf. Jeweils ein beschädigter Gegenstand wird in die Hand genommen. Die Kinder sollen die Schäden finden, denn die Defekte sind nur zum Teil offensichtlich, es gibt auch verborgene Schäden, die nicht weniger gefährlich sind.	Neugierde wird geweckt, das Wissen wird erweitert durch das Sehen der Schäden.
Glas und Porzellan sind nicht bruchsicher: beide können springen, splittern, Glas ist meist, im Gegensatz zu Porzellan, durchsichtig.	Jeweils ein Kind darf einen kaputten Gegenstand vorsichtig zur Seite stellen. Die Kinder werden aufgefordert, beim Austeilen des Speisegeschirrs auf kaputte Stellen zu achten und das zu melden. Anhand der Tafel sollen die Kinder weiter sortieren und die Gegenstände benennen.	Vorsichtigen Umgang üben, um sich nicht zu verletzen. Verantwortung übertragen.
Sortieren des verschmutzten Geschirrs anhand der Anleitungstafel.	Die Gefahrenstellen sind beim abgebildeten Besteck rot gekennzeichnet. Die Kinderpflegerin hebt das Tafelmesser hoch und fordert die Kinder auf, die gefährlichen Stellen nach Betrachten der Bildtafel zu zeigen. „Welche Stelle ist rot gekennzeichnet? Zeigt mir diese hier bei dem Messer!" Ebenso wird bei der Gabel verfahren.	Gefahrenbereiche werden verdeutlicht. Unfallgefahren bei Gebrauchsgegenständen erkennen.
2. Bestimmen von Farben, Gerüchen und Verpackungen von Spülmitteln – Dosierung. Beispiele: *Spülmittel A:* blau, seifiger, sehr starker Geruch, Spender *Spülmittel B:* grün, seifig, geruchsintensiv, Spender *Spülmittel C:* durchsichtig wie Wasser, kaum Geruch, Druckverschluss, Unfallgefahr!	Beim Sortieren wird nur da geholfen, wo unbedingt nötig, z. B. beim Heben der Pfanne. Auf Glastellern sind die Warenproben vorbereitet. Jedes Kind darf riechen, Geruch und Farbe beschreiben. Ebenso darf jedes Kind das Öffnen und Schließen der Verschlüsse bzw. die Bedienung des Spenders ausprobieren.	Selbstständigkeit fördern. Unterscheiden verschiedener Spülmittel durch Riechen und Sehen. Sprache fördern. Feinmotorik fördern.

Spülmittel D: Geruch erinnert an Grapefruit, gelb, Druckverschluss, Unfallgefahr!

Bei Duftstoffen, die Lebensmitteln nachempfunden sind, wird auf die Vergiftungsgefahren hingewiesen bzw. die Kinder aufgefordert, selbst die Gefahr herauszufinden. Ebenso wird bei durchsichtigen, geruchsneutralen Mitteln verfahren. Die Kinderpflegerin kündigt an, dass zwei verschiedene Mittel verwendet werden sollen. Die Kinder dürfen diese auswählen und die nicht benötigten zur Seite stellen.

Auch Reinigungsmittel mit Lebensmittelaroma dürfen nicht in den Mund gelangen.

Dosierung:
Menge entsprechend auf den Glastellern, also relativ wenig!

Die Dosierung ist durch die Proben schon vorgegeben. Auf dem Weg zur Spüle, trägt jedes Kind einen Teller mit Spülmittel und stellt Ihn neben das Spülbecken.
„Was brauchen wir noch zum Spülen?"

Die Menge prägt sich optisch ein.

3. Auswahl von Spül- und Trockentüchern
Bestimmen von Wassermenge und Wassertemperatur. Beschaffenheit des Wassers mit und ohne Spülmittel
Beispiele:
Spültücher aus Baumwolle
Schwammtücher
Schwämme
Trockentücher

Die Tücher sind in benötigter Menge vorbereitet. Die Kinder dürfen zunächst auswählen, welche Tücher sie zum Spülen und zum Abtrocknen verwenden möchten. Das Spültuch dürfen sich die Kinder in die Schürzentasche stecken, die Hände sollen für das Aufdrehen des Hahnes frei bleiben.

Aktivität und Selbstständigkeit fördern.

Wassertemperatur:
Handwarm.
Diese Temperatur wird erzielt durch Mischen von „heiß" und „kalt".
Rot = heiß
Blau = kalt
Das gemischte Wasser befindet sich im rechten und linken Becken.
Wassermenge: eine Handbreite unter dem Beckenrand.

Es ist wichtig, sich zu erkundigen, ob die Farbbedeutung der Wasserknöpfe bekannt ist. Wenn nicht, müssen die Kinder darüber informiert werden. „Wer hat zu Hause schon abgespült? Der/diejenige weiß, ob wir kaltes oder warmes Wasser verwenden!"

Das Wissen der Kinder einbeziehen.

Aufdrehen des Wasserlaufs nur in mittlerer Stärke. Stöpsel eindrücken. Zu hohes

Ein Kind darf „rot", eines „blau" aufdrehen, ein Kind darf den Stöpsel eindrücken.

Ausprobieren dürfen schafft neue Erfahrungen.

Aufdrehen: das Wasser spritzt!
Zu niedriges Aufdrehen: der Zulauf dauert zu lange.

Zugabe des Reinigungsmittels in stehendes Wasser; dabei verändert sich die Beschaffenheit des Wassers. Es wird seifig, weicher, schäumt etwas.

Die Kinderpflegerin begleitet die Tätigkeit der Kinder mit Worten und bezieht sie durch Fragen und Aufforderungen mit ein.

Die Kinder beschreiben, wie sich Wasser anfühlt. Ein Kind darf einen Glasteller mit Spülmittel ins Wasser geben und dieses mit den Fingern abreiben. Ein anderes Kind wird aufgefordert, ein Küchentuch auf die Geschirrablage zu legen. Die anderen Kinder stellen den Servierwagen bereit.

Alle Kinder tasten das Spülmittelwasser. Gemeinsam sollen Worte für die Eigenschaften der Wasserbeschaffenheit gefunden werden.

Sinnliche Erfahrungen ermöglichen.

4. Spülen des Geschirrs
Regeln:
Teile einzeln in das Spülwasser einlegen, Glasränder gründlich abwischen,
Gläser auch innen gründlich säubern, niemals Messer und Gabeln in das Spülbecken/in die Lauge einlegen –
Schneideteufel, Messer bzw. Gabel am Griff festhalten, mit dickem Schwamm oder doppeltem Lappen vom Griff zur Spitze (den Spitzen) säubern, immer Vorder- und Rückseite, Innen- und Außenseite säubern!
Jedes Teil nachspülen, damit der Schaum entfernt wird, verspritztes Wasser und/oder Spülmittel sofort aufwischen – Unfallgefahr,
das Abtrocknen berücksichtigt dem Spülen eng verwandte Regeln,

Das Spülen jedes Teiles wird vorgearbeitet.
Wissen die Kinder bereits, wie man spült, darf ein Kind es vorzeigen und es wird nur dort geholfen, wo es nötig ist.

Die „Regeln" entwickeln sich im Begleitgespräch. Die Kinder wechseln sich während des Spülens und Abtrocknens ab.
Ein Kind spült, spült nach und stellt das Geschirrteil vorsichtig auf die abgedeckte Ablauffläche der Spüle. Das andere Kind darf unter Anleitung und mit Hilfe abtrocknen.
Das Abtrocknen läuft spielerisch.

Die Kinderpflegerin trocknet mit dem jeweiligen Kind ab und spricht dabei mit ihm. Z. B. „Schau' mir zu, wie ich das mache! Gut, wie du das schon kannst. Beim Abtrocknen gelten die gleichen Regeln wie beim Spülen!"
„Wenn ihr bitte darauf achtet, das Geschirr sor-

Sinnvolle Regeln sichern das gewünschte Ergebnis. Alle Kinder sind ausgelastet.

Persönlicher Kontakt wird hergestellt.

getrocknetes Geschirr geordnet auf dem Wagen zusammenstellen.

tiert auf den Wagen zu stellen. Das erleichtert das Einräumen in den Schrank."
Die Kinderpflegerin hilft, falls ein Kind dies anfordert.
Beim Wasserwechsel darf ein Kind das zweite ausgewählte Spülmittel zugeben.

Topf und Pfanne auf ein feuchtes Spültuch stellen, etwas Spezialmittel zugeben, innen und außen mit feuchtem Schwamm abreiben. Gründlich nachspülen. Sofort abtrocknen, nach Fertigstellung beide Stöpsel ausziehen.

Diese schwierigen Gegenstände reinigt die Kinderpflegerin unter Mithilfe der Kinder.
Sie stellt das dafür benötigte Reinigungsmittel vor. Dieses ist jedoch in dieser Beschäftigung kein Schwerpunkt.
„Was ist zu tun? Wir brauchen nun kein Wasser mehr!" Die Kinder ziehen die Stöpsel aus.
Alle trocknen ihre Hände ab und cremen sie evtl. ein. Danach betrachten alle das saubere, glänzende Geschirr.

Es ist wichtig, die Kinder zu loben und dabei/dadurch herauszustellen, wie sinnvoll ihre Arbeit war.

Lob fördert die Motivation.

5. Säubern der Spüle, Aufhängen der Tücher

Spüle säubern

Aufhängen der Tücher: Spültücher gut auswringen, ausschlagen, über den Ständer hängen,
Trockentücher ausschlagen, aufhängen.

Die Kinder säubern die Becken.
Die Kinderpflegerin zeigt, wie das Ausreiben geht. Nun erledigt jedes Kind seine Arbeit.
Das Auswringen und Aufhängen der Lappen und Tücher wird vorgemacht, die Kinder machen es nach.
Wieder sollten die Kinder gelobt werden, dass nun auch die Spüle schön glänzt.

Aufräumen/Einräumen des Geschirrs in die dafür vorgesehenen Schränke und Schubladen

Darüber wissen die Kinder meist Bescheid. Sie erledigen diese Arbeit weitgehend selbstständig und werden, falls nötig, unterstützt.

Das Wissen/Können der Kinder wird respektiert.

Abschluss: z. B. Vorgehensweise beim Sortieren des Geschirrs Regeln zum Umgang mit Spülmitteln Spülen gefährlicher Teile, wie Messer usw.	Zurück in der Küche möchte die Kinderpflegerin wissen, ob die Kinder wichtige Punkte des Angebotes aufgenommen haben. Die Kinder setzen sich. Sie stellt Fragen zum Thema und bezieht dabei die Bildtafel mit ein. Falls die Kinder noch bei der Sache sind, trägt sie Ausschnitte des Gedichtes „Vom Spülen", s. Kap. 1.3.3, vor. Die Kinder gehen zurück in den Gruppenraum zum Freispiel.	Reflexion Ausklingen lassen des Angebotes.

1.5.3 Gliederung für die schriftliche Vorbereitung zum Thema „Aprikosenkuchen"

1. Aufgabe Zubereiten eines Rührkuchens mit Früchten (Aprikosen) im Kindergarten
Rahmenplan: „Familie und Gemeinschaft" – Wir backen Kuchen

2. Zielsetzung Welches vorrangige Grobziel wird angestrebt?
Wie können treffende hauswirtschaftliche Feinziele (drei bis fünf) formuliert werden?

Beispiele für die Formulierung von **Grobzielen**
Die Kinder achten auf sachrichtige Benennung von Materialien, Gegenständen und Tätigkeiten. Sie beachten Hygieneregeln für sich und im Umgang mit Lebensmit-

teln. **Die Kinder erleben Freude über eine selbst gefertigte Arbeit, sie nehmen ästhetische Qualitätsmerkmale wahr (s. Kap. 1.1.2).**

Beispiele für die Formulierung von **Feinzielen**

– **Die Kinder erkennen und benennen Lebensmittel wie Fett, Eier usw.,**
– **die Kinder bereiten unter Anleitung der Kinderpflegerin einen Rührteig zu und belegen diesen mit Früchten. Sie achten dabei auf eine hygienische Arbeitsweise,**
– **die Kinder nehmen Gefahren während des Arbeitsvorganges „Backen" wahr, und versuchen, diese zu vermeiden,**
– **die Kinder erleben Freude über einen gut duftenden, goldgelb gebackenen Kuchen. Sie verzehren ihn mit Genuss.**

Die weiteren Vorerwägungen des Themas sind entsprechend der vorhergehenden Gliederungen zu erstellen.

Was?	Wie?	Warum?
Einleitung Frau K., die Mutter von Florian, hat Aprikosen aus dem eigenen Garten mitgebracht. Diese Situation dient als Anlass, einen Kuchen zu backen. Damit die Kinder wissen, wie dieser aussehen soll, setzt die Kinderpflegerin ein spezielles Backbuch für Kinder ein.	Zuerst ziehen alle ihre Schürzen an (alle helfen sich gegenseitig), dann werden die Haare zusammen gebunden und das Kochhäubchen aufgesetzt. Danach erfolgt das Händewaschen mit Hinweisen auf die Unfallgefahren durch Ausrutschen. Wieder am Arbeitsplatz angelangt, werden die Kinder gebeten, sich zu setzen. „Schaut, was wir heute geschenkt bekommen haben." Die Kinder sehen die Schüssel mit den Aprikosen. „Wer weiß, wie dieses Obst heißt? Wer möchte gerne probieren?" Nachdem die Kinder richtig geantwortet und ihre Kostprobe verzehrt haben, zeigt die Kinderpflegerin die restlichen, vorbereiteten Kuchenzutaten.	Hygienemaßnahmen einhalten. Sich gegenseitig behilflich sein, der Geschicktere hilft dem noch Ungeübten. Sturzunfälle vermeiden. Situativer Ansatz Sinnliche Erfahrungen wecken und bestätigen. Bekanntes Wissen festigen. Neugierde und Spannung erzeugen.

Zielangabe „Wir backen einen Aprikosenkuchen."	„Könnt ihr euch denken, was wir jetzt vorhaben?" Vermutlich sagen die Kinder, dass gebacken werden soll. „Wie heißt der Kuchen?"	Eigenständiges Denken anregen und Sprechen fördern.
Zielvorstellung Die Abbildung aus dem Backbuch	Zur deutlicheren Zielvorstellung zeigt die Kinderpflegerin die Abbildung des Kuchens aus dem Backbuch. Auf einer bestimmten Seite ist der noch rohe Kuchenteig in der Form sichtbar. Zwei Mädchen belegen den Teig mit Aprikosen. Die Kinderpflegerin fragt nach dem Namen der Form und hilft, wenn keine passende Antwort kommt. Die Kinder stellen nach Aufforderung Vermutungen in welcher Reihenfolge vorgegangen werden soll. Die Kinderpflegerin bestätigt richtige Antworten und fasst die Reihenfolge nochmals kurz zusammen. Die Bücher werden zur Seite gelegt und alle wenden sich den Zutaten zu.	Die Kinder erfahren das Buch als Arbeitsmaterial und als Arbeitshilfe. Die Zielangabe wird selbstständig gefunden.
	Hinweis: Die Aprikosen werden vor Durchführung des Angebotes „backfertig" vorbereitet.	Der Arbeitsumfang für die Kinder wird reduziert.

Hauptteil
1. Kennen lernen der Zutaten:
100 g Margarine,
    = 1 Tasse,
100 g Zucker,
    = 1 Tasse,
Paket Vanillinzucker,
Prise Salz,
= Menge zwischen Zeigefinger und Daumen,
250 g Mehl,
    = 3 Tassen,
2 Teel. Backpulver,
2 Eier,
3 El. kalte Milch (ca.),
Dose Aprikosen,
Arbeitsmittel:
1 Springform
1 Fettpinsel.
	Die vorbereiteten Zutaten stehen in der Reihenfolge der Verarbeitung auf der Arbeitsfläche.
	„Ich habe die Zutaten schon abgemessen und abgewogen, damit wir gleich anfangen können." Die Kinderpflegerin hebt die Tasse mit dem Fett hoch.
	
	„Wer weiß, was / welche Zutat das ist?" Sie bestätigt die richtige Antwort durch Zustimmung oder auch durch Lob, wenn Margarine genannt wird. Der Name Zucker und ebenso die Menge (= eine Tasse voll) wird auf die gleiche Art erarbeitet.
		Struktur vermitteln.
		
		Zutaten sachrichtig benennen.
		
		Alle Kinder sind geistig aktiv.

Ein Kind darf das angerissene Vanillinzuckerpäckchen aufreißen und daran schnuppern. Ist die Zutat bekannt, geht es flott weiter. Jedes Kind darf riechen. Ein Kind darf den Vanillinzucker zum Haushaltszucker schütten. Es wird festgestellt: „Der Vanillinzucker ist weiß wie Zucker."
Vermutlich fragen die Kinder, warum Vanillinzucker in den Kuchen gegeben wird.

Sinnliche Erfahrungen durch Riechen und Sehen.

Die Antwort ergibt sich aus den Geruchs- und evtl. (falls der Vanillinzucker ganz unbekannt ist) aus den Geschmacksproben.

Unbekannte Zutaten schmecken und den richtigen Namen vermuten lassen.

Jedes Kind erhält nun einen kleinen Löffel zum Probieren.
Als Kostproben werden einige Körnchen Zucker und Salz angeboten.

Hygienemaßnahmen einhalten.

Es wird festgestellt: Zucker schmeckt süß, Salz schmeckt salzig.

Sinnliche Erfahrungen durch Schmecken.

Die Kinderpflegerin hat zwei Schälchen vorbereitet. Auf den ersten Blick sind beide Inhalte (Zucker, Salz) weiß. Bei genauerer Betrachtung und bei Licht stellt man fest, dass die Proben verschieden glänzen.
Die Kinderpflegerin fordert die Kinder auf, genau zu beobachten. Jedes Kind darf seine Beobachtung nennen, Salz sieht matt, stumpf, feiner als Zucker aus.

Sinnliche Erfahrungen durch Sehen.

Unterschiede feststellen.

„Jetzt können wir Zucker und Salz unterscheiden. Bitte gib soviel Salz (ich zeige es vor) zum Zucker. Das Salz stellst du bitte gleich zur Seite, damit wir nicht versehentlich nochmals Salz in den Teig geben."

Materialien sicher erkennen.
Missgeschicken vorbeugen.

„Wer kennt die nächste Zutat? Wieviele Tassen brauchen wir?"
Die Kinder nennen vermutlich das Mehl und auch die Farbe. Wieder steckt ein Tütchen dabei. Es ist angerissen.

Ein anderes Kind als vorher darf das Backpulvertütchen öffnen und den Inhalt in eine Arbeitstasse schütten.
„Wieder weiß!
Wir wissen, dass das kein Zucker ist!" Die Kinder sagen vermutlich Mehl.

Selbstständigkeit fördern.

Die Kinderpflegerin bestätigt, dass der Inhalt des Tütchens mehlartig aussieht, und nennt dabei den richtigen Namen: Backpulver. Kurz erwähnt sie die Aufgabe des Backpulvers im Teig.
Ein Kind gibt zwei Teelöffel Backpulver nach Aufforderung zum Mehl. Alle zählen gemeinsam mit.

Wissen erweitern.

Die Kinder schauen in den Arbeitsbecher. Darin sehen sie zwei aufgeschlagene Eier.
Dann wird die Schüssel mit den Aprikosen dazu gestellt.

„Geübte" Kinder schlagen die Eier selbstständig mit einem passenden Werkzeug auf.

Es taucht eine neue Farbe auf. „Die Eier und die Aprikosen sind gelb."

Sinnliche Erfahrungen erweitern das Wissen.

„Jetzt bin ich neugierig, Kinder, ob ihr schon selbst ein Rezept *lesen* könnt. Bitte, Lisa, nimm' das Tuch von der Wand!"

Neugierde wecken.

Dahinter kommt die Bildtafel zum Vorschein.
„Wer weiß, was ein Rezept ist? Wofür benötigen wir es?"
„Haben wir alle Zutaten nach Rezept vorbereitet? Wer *liest* zuerst?"

Umgang mit der Bildtafel üben.

Jedes Kind darf eine Zutat *lesen*. Die Kinderpflegerin

Aktivität fördern.

	deutet dabei auf die abgebildeten Zutaten.	
	Die anderen Kinder überprüfen am Arbeitsplatz, ob wirklich alles da ist. Der Kuchen soll ja gelingen.	Wissen vertiefen.

2. Die Verarbeitung der Zutaten Form fetten, herkömmliche Methode, Fett mit dem Rührgerät schaumig rühren, Eier und Zucker nach und nach und im Wechsel zugeben, Mehl und Backpulvergemisch sieben und nach und nach unterrühren, zuletzt soviel Milch zugeben, bis der Teig „schwer reißend vom Löffel fällt", schnelle Methode: – alle Zutaten (außer den Früchten) in eine Rührschüssel geben, – mit dem Handrührgerät gut glatt rühren.	Die Kinderpflegerin zeigt das Fetten der Form an einer kleinen Stelle vor und spricht zu ihrer Vorgehensweise. Die Form stellt sie zur Seite. Jedes Kind darf eine Zutat nach Rezeptanweisung in die Schüssel geben. Die Kinderpflegerin hilft, wo nötig. Jetzt kommt das Rührgerät zum Einsatz. Falls das Handrührgerät noch unbekannt ist, nennt die Kinderpflegerin die wichtigsten Verhaltensregeln. Sie macht vor, wie das Gerät bedient wird. Zwei Kinder dürfen unter Aufsicht und Führung den Teig rühren. (Ein Kind hält die Schüssel, ein anderes das Rührgerät, evtl. mit beiden Händen).	Auf klare Vorarbeiten achten. Alle Kinder auslasten. Technische Arbeitsmittel erproben. Sicheren Umgang üben.
Beispiele für Regeln zum Umgang mit dem elektrischen Handrührgerät: Einstecken erst vor Gebrauch, gerade halten, Finger und Geräte nicht in die laufenden, Rührbesen stecken, nach Gebrauch ausstecken und Kabel aufwickeln.	Dabei probieren die Kinder verschiedene Schaltstufen aus. Wer nicht rührt, fettet die Form. Dann wechseln wir die Aufgaben. Das Mehl-Backpulvergemisch wird in die Teigschüssel gesiebt. Jedes Kind darf eine Tasse voll in das Sieb geben und durchreiben.	Sinnliche Erfahrungen durch Hören.
	„Der rohe Teig lässt die einzelnen Zutaten nicht mehr erkennen" oder „Wenn wir nicht wüssten, welche Zutaten im Teig sind, könnten wir sie nicht mehr erkennen." Die Farbe des rohen Teiges ist „fast" weiß und „etwas gelb".	Sinnliche Erfahrungen erweitern das Wissen.

	Ein Kind wird gebeten, den Stecker vorsichtig aus der Steckdose zu ziehen. Nachdem die Kinderpflegerin die Rührbesen entfernt hat, stellt sie das Gerät mit aufgewickeltem Kabel zur Seite. Sie erklärt ihre Vorgehensweise mit einfachen Worten.	Sorgfalt im Umgang mit Arbeitsmitteln entwickeln.
Verteilen des Teiges mit einem Esslöffel oder einem Teigspachtel	Jedes Kind darf einen großen Löffel Teig in die Form geben, solange, bis der Teig aufgebraucht ist. Das Verstreichen des Teiges wird vorgemacht, anschließend bietet man den Kindern an, es selbst auszuprobieren.	Der Löffel ist einfacher zu handhaben.
	Die Löffel und Teigspachtel werden in den Ordnungstopf gestellt.	Ordnung am Arbeitsplatz gilt als Prinzip.
Gleichmäßiges Auflegen der Aprikosenhälften mit der Schnittfläche nach unten	Das Auflegen der Früchte mit der Gabel wird vorgemacht. Die Kinder (jedes hat seine eigene Gabel) verteilen die Fruchthälften auf dem rohen Teig. Das kann manchmal noch misslingen.	Selbstständigkeit fördern.
	Bei sorgfältiger Beobachtung dürften alle Kinder die Früchte richtig auflegen.	
3. Das Abbacken bei 175-180°C, ca. 30 Min. Merke: Heiße Röhre nicht berühren! Topflappen beim Herausnehmen verwenden.	Die Kinderpflegerin öffnet die vorgeheizte Röhre. Es kommt warme Luft heraus! „Vorsicht! Wer weiß, woran wir uns hier verbrennen können?" Die Kinder nennen vermutlich: Gitter, Backofentür, Innenraum.	Um Zeit zu sparen, heize ich das Backrohr vor. Während des Backens sind viele Unfallquellen vorhanden, sorgfältiges Handeln ist hier wichtig.
	Damit die Kinder sich nicht verbrennen, wird die Form vorsichtig auf das Gitter gestellt. Ein Kind darf die Röhre schließen. „Der Teig muss 30 Min. backen. Deshalb sehen wir auf die Uhr. Der lange Zeiger muss auf ... zeigen. Dann ist der Kuchen fertig. Wer kennt die Zahlen?"	„Geübte" Kinder stellen die Form selbst auf das Gitter.

	Das Kind, das Zahlen kennt, darf sich die Uhrzeit merken.	Verantwortung übernehmen; Das Überwachen der Backzeit gehört trotzdem zu den Aufgaben der Kinderpflegerin.
	„So Kinder, der Teig backt jetzt alleine. Wir stören ihn dabei nicht, schauen aber immer wieder nach, dass er nicht zu dunkel wird."	Ein gelungener Kuchen motiviert die Kinder.
	Alle stellen ihre benutztes Geschirr zum Spülbecken. Jeder nimmt ein oder zwei Teile.	Gemeinsames Aufräumen wird als Bestandteil der Beschäftigung erfahren.
Abschluss	Die Kinder haben die Schürzen abgelegt, evtl. Hände gewaschen und sitzen um den Tisch.	
Verwendete Arbeitsmittel: Teigschüssel, Rührgerät, Löffel, Teigspachtel, Sieb usw.	Die Kinderpflegerin legt eine Abbildung in DIN A 3 Format auf, die viele verschiedene Küchengeräte zeigt, s. Kap. 1.3.3. „Welche Geräte kennst du? Welche Geräte haben wir verwendet?" Die Kinder deuten auf die entsprechenden Geräte. Nun geht es an die Aufräumarbeiten. Jedes Kind wird für eine Aufgabe eingeteilt. z.B. Silke übernimmt das Spülen. Florian übernimmt das Abtrocknen usw. Bevor die Kinder in die Gruppe zurückgehen, vermittelt die Kinderpflegerin, dass sie gerne mit ihnen gearbeitet hat.	Eine neue Aufgabe „belebt" die Kinder, sie haben Bewegung, nachdem sie beim Backen relativ lange am gleichen Platz gearbeitet haben.
Aufräumen der Lebensmittel, Spülen des Geschirrs, Aufräumen des Arbeitsplatzes.	„Ihr habt sehr schön gearbeitet! Der Kuchen wird sicher (bei solcher Mühe) sehr gut gelingen! Ich freue mich darauf, wieder mit euch zu arbeiten!"	Lob motiviert und fördert Selbstbewusstsein.
	Die Kinderpflegerin holt die Kinder während der Backzeit an den Herd. Sie betrachten die Teigveränderungen und riechen den leckeren Kuchenduft. Den fertigen Kuchen nimmt sie selbst aus der Röhre und lässt ihn bis zur Nachmittagspause auskühlen.	

1.5.4 Gliederung für die schriftliche Vorbereitung zum Thema „Obstsalat" (in verkürzter Form)

1. Aufgabe

Zubereiten eines Obstsalates mit Kindergarten-kindern. Rahmenthema „Natur erleben" – Jahreszeit; Sommerfrüchte, Herbstfrüchte.

2. Zielsetzung

Welches vorrangige Grobziel wird angestrebt? Wie können treffende hauswirtschaftliche Feinziele (drei bis fünf) formuliert werden?

Beispiele für die Formulierung von **Grobzielen**
Die Kinder erproben Geruchs- und Geschmacksqualitäten. Dabei erfahren sie typische Materialeigenschaften. Sie erkennen mögliche Unfallgefahren bei hauswirtschaftlichen Tätigkeiten.

Beispiele für die Formulierung von **Feinzielen**
Die Kinder benennen die angebotenen Obstsorten, die Kinder stellen den typischen Geruch und Geschmack fest und beschreiben ihn, sie bereiten unter Anleitung der Kinderpflegerin einen Obstsalat zu. Dabei werden sie auf mögliche Verletzungsgefahren durch das Messer aufmerksam.

3. Materialien

Obstsalat „Sommerduft"

3.1 Lebensmittel

Pro Kind benötigt man:
$1/2$	Banane
$1/2$	Apfel
$1/2$	Birne
einige	Trauben
$1/4$	Kiwi
etwas	Kleehonig, Ahornsirup oder Obstdicksaft
einige	Mandelblättchen

3.2 Arbeitsmittel

5 Schneidebretter
5 Küchenmesser
5 Tafelmesser
1 Zitronenpresse usw.

3.3 Anschauungsmittel (methodisches Material)

Kinderkochbuch

Verschiedene Obstsorten, in einem Korb abgedeckt.
Material für das Spiel „Schnüffelnase", s. Kap. 1.1.1.

4. Hygiene   Welche Hygienemaßnahmen sind erforderlich?

5. Raum und Zeit   Welcher Raum steht zur Verfügung?
                         Ist der Raum gelüftet?
                         Welche Tageszeit und Dauer ist geplant?

6. Arbeitsplatz-   Wie sieht der Arbeitsplatz aus? (Skizze oder Be-
   vorbereitung   schreibung)

7. Gruppe   Wer nimmt am Rollenspiel in der Schule teil?
                         Wieviele Personen sind beteiligt?
                         Wer kommt als „Ersatzkind" in Frage?
                         Wie alt sind die „Teilnehmer" im Kindergarten?
                         Sind Besonderheiten in der Gruppe zu beach-
                         ten?

8. Abrechnung   Wie erfolgt die Abrechnung?
                         Welche Lebensmittel sind vorhanden und wel-
                         che müssen angeschafft werden?

9. Reihenfolge der
   Arbeitsschritte

1. Begrüßung der Kinder
2. Alle ziehen die „Arbeitskleidung" an, legen Schmuck ab und waschen die Hände.
3. Einleitung: Durch Tasten der abgedeckten Früchte erraten die Kinder das Thema.
   ➡ Zielangabe
   Die Kinderpflegerin zeigt eine Abbildung des Obstsalates aus dem Kochbuch.
   ➡ Zielvorstellung
4. Hauptteil: Bestimmung der Obstfarben, fühlen und vergleichen der Obstschalen.
5. Vorarbeit: Die Kinderpflegerin bereitet ihren Arbeitsplatz vor.
6. Die Kinder bereiten ihren Arbeitsplatz vor.
7. Sie waschen das Obst.
8. Vorarbeit: Die Kinderpflegerin teilt die Zitrone und presst eine Hälfte aus.
9. Die Kinder pressen die restliche Zitrone aus.
10. Sinnesübung „Riechen" .
11. Die Kinder schälen die oben eingeschnittene Banane.
12. Vorarbeit: Die Kinderpflegerin zerkleinert die Banane.
13. Die Kinder schneiden die Banane.
14. Sinnesübung „Riechen".
15. Sinnesübung „Schmecken" mit Kostprobe: Zitronensaft: sauer; Banane: süß.
16. Die Kinder gießen den Zitronensaft über die Banane und decken die Schüssel ab.

17. Vorarbeit: Die Kinderpflegerin demonstriert, wie die restlichen Obstsorten geschnitten werden.
18. Alle Kinder sind tätig, jedes Kind schneidet etwas von jeder Obstsorte.
19. Jeder darf das geschnittene Obst vorsichtig in der Schüssel vermengen.
20. Sinnesübung „Riechen" und „Schmecken" mit Kostprobe: Honig.
21. Der Obstsalat wird gemeinsam abgeschmeckt.
22. Der Salat wird in eine Anrichteschüssel umgefüllt und verziert.
23. Jedes Kind hilft beim Abräumen und Säubern des Arbeitsplatzes sowie des Arbeitsgeschirrs.

24. Abschluss: Spiel „Schnüffelnase", s. Kap. 1.1.1
25. Gemeinsames Essen.

10. Sinnesübungen, dem Thema entsprechend

Riechen:
Zitrone: sauer, Banane: mild, Honig: süß
Tasten, Form des Obstes:
Apfel: rund, Birne: länglich
Tasten, Oberfläche des Obstes:
Apfel: glatt, Kiwi: rau
Schmecken:
Banane, Honig: süß, Zitrone: sauer.

11. Benennen möglicher Unfallgefahren, bezogen auf das Thema

Sturz: Ausrutschen: Wasser, Obstschalen
Schneiden: Messer.

Aufgabe

Bereiten Sie ein gezieltes hauswirtschaftliches Angebot nach den beschriebenen Kriterien vor, z. B. zum Thema: Müsli.

Sicherheit bei der hauswirtschaftlichen Arbeit mit Kindern

2.1 Kinder leben gefährlich

Unfallstation 3: Samstag, 18 - 19 Uhr

Aus dem Aufnahmeprotokoll:

18:02 Uhr	Sabine, 2 Jahre, Platzwunde am Kopf (gegen Heizkörper gefallen).
18:11 Uhr	Berndt, 20 Monate, schwere Nikotinvergiftung (Zigarette verschluckt).
18:15 Uhr	Alexander, 9 Monate, Verbrühungen an Unterbauch und Oberschenkeln (beim Spielen in der Badewanne den Hahn für heißes Wasser geöffnet).
18:28 Uhr	Britta, 3 Jahre, Erstickungsanfälle durch Fremdkörper in der Luftröhre (beim Essen von ungeschälten Erdnüssen Schalenteile eingeatmet).
18:37 Uhr	Maria, 2¹/₂ Jahre, Fremdkörper in der Nase (beim Spielen Erbse in die Nase gesteckt).
18:41 Uhr	Peter, 18 Monate, Arzneimittelvergiftung (hat herumliegende Herztabletten gegessen).
18:57 Uhr	Mohamed, 11 Monate, Verbrühungen im Gesicht und am rechten Arm (hat Tischdecke mit Kaffeekanne auf sich gezogen).
18:58 Uhr	Michael, 2 Jahre, Alkoholvergiftung (hat aus einer Flasche mit Eau de Toilette getrunken).

Innerhalb einer Stunde werden acht Kinder mit Unfallverletzungen eingeliefert. Zwei müssen im Krankenhaus bleiben, sechs können nach der Behandlung wieder nach Hause.

Unfallverletzungen, die ärztlich behandelt werden müssen, sind nur ein kleiner Teil einer viel zu hohen Zahl von Unfallschäden, die kleine Kinder tagtäglich erleiden.

Aufgaben

1. *Lesen Sie den Text aus dem Unfallbericht einer Klinik aufmerksam durch.*
2. *Finden Sie anhand des Textes zutreffende Unfallgruppen, z. B. Sturz, Verbrennung usw.*
3. *Ordnen Sie die aufgeführten Unfälle diesen Unfallgruppen zu.*

Das Unfallgeschehen im Kindergarten

Die abgebildete Grafik verdeutlicht anhand von Zahlen

- **die Anzahl von Kinderunfällen im Kindergarten,**
- **die Unfallorte allgemein im Kindergarten,**
- **den Tagesablauf im Kindergarten im Zusammenhang mit Unfallhäufigkeiten.**

Dabei treten im Durchschnitt folgende Verletzungen auf:

Verletzungen

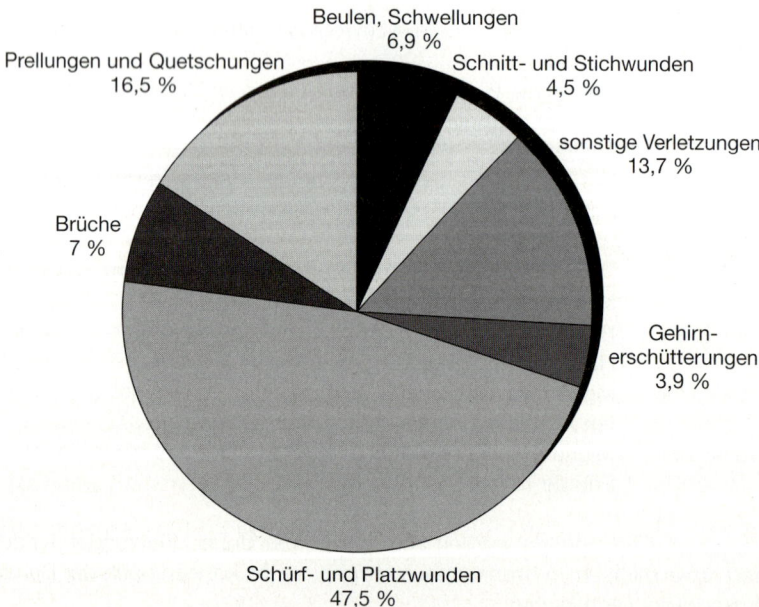

Beulen, Schwellungen
6,9 %

Schnitt- und Stichwunden
4,5 %

Prellungen und Quetschungen
16,5 %

sonstige Verletzungen
13,7 %

Brüche
7 %

Gehirnerschütterungen
3,9 %

Schürf- und Platzwunden
47,5 %

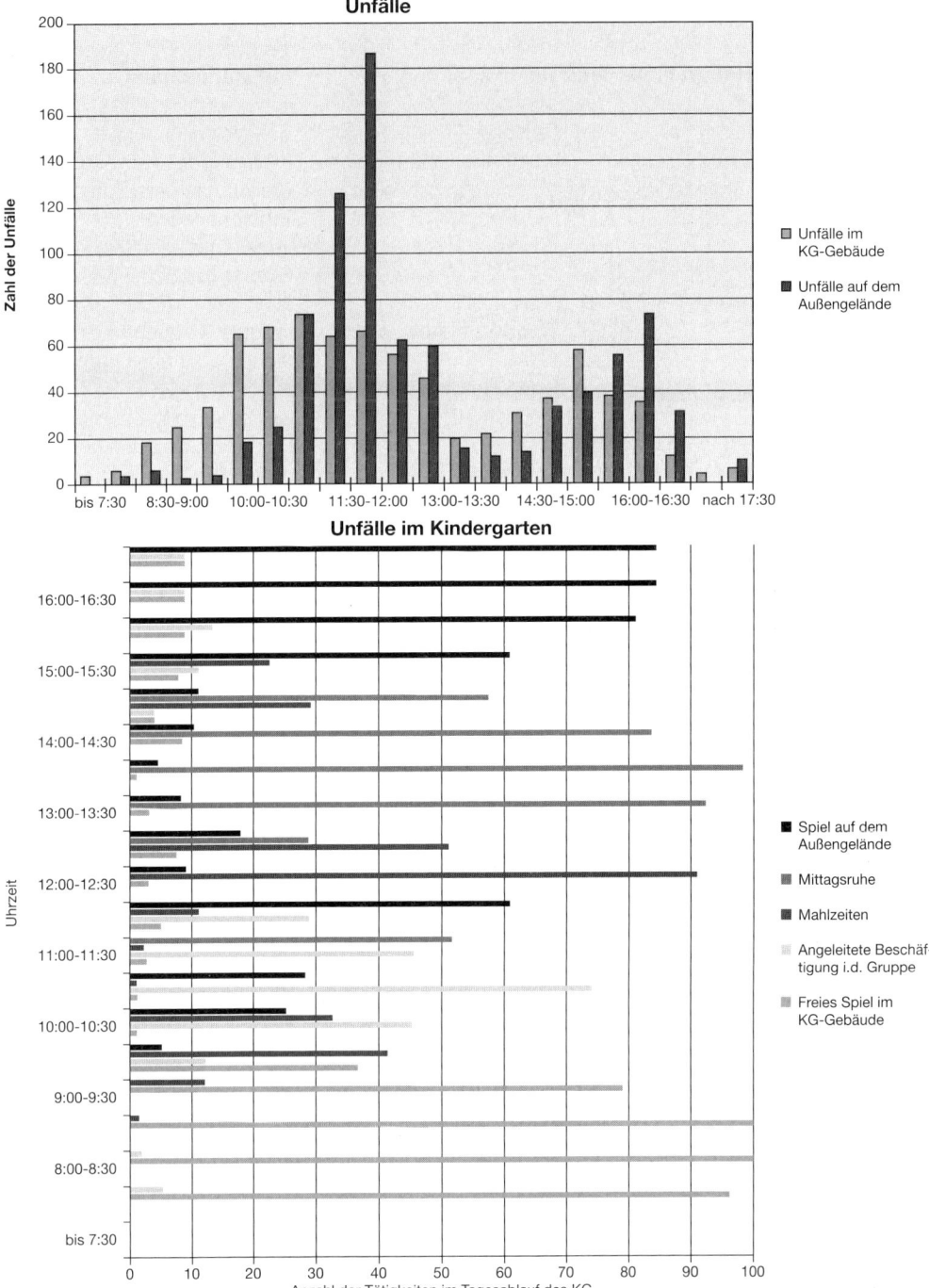

(Daten aus Kunz, T.: Voraussetzungen und Möglichkeiten der Sicherheitserziehung im Kindergarten, München 1989, in BAGUV, Hrsg., GUV 57.1.32, S. 6, 8, eine Untersuchung und Auswertung von über 1500 Unfällen aus städtischen und konfessionellen Kindergärten in Frankfurt/M. 1986)

2.2 Unfallgefahren für Kinder erkennen und vermeiden

Hauptunfallarten[1]	Unfallursachen	Abhilfemaßnahmen
	Beispiele:	Beispiele:
Sturz	lose Kabel und Teppiche	Klebebänder verwenden, Gleitschutz unter rutschende Teppiche legen
	Wasserpfützen	Verschüttetes sofort aufwischen, rutschfeste Vorleger auslegen
	Treppen, Leitern	für gute Beleuchtung sorgen, fachgerecht absichern
Verbrennen	heiße Herdplatten heißes Fett	Herdschutzgitter, Laufschutzgitter anbringen, Pfannenstiele nach hinten drehen
Verbrühen	heißes Wasser	nicht ohne Aufsicht duschen oder baden lassen
Schneiden, Stechen, Quetschen	Messer, Stecknadeln Türen, Schubladen	Gefährliche Gegenstände kindersicher aufbewahren, passende Kindersicherungen anbringen
Vergiften	Medikamente, Alkohol	Medikamente, Alkohol und Reinigungsmittel verschlossen aufbewahren
Verätzen	Spülmaschinenreiniger	auf kindersicheren Verschluss bei Verpackungen achten
Ertrinken, Ersticken, Erdrosseln Elektrischer Strom	Badewanne, Regentonne Plastiktüte, Decke, Kleidungskordeln defekte Kabel, elektrische Geräte Ungesicherte Steckdosen	Aufsicht wahren, Behältnisse bei Anwesenheit von Kindern abdecken vom Fachmann reparieren lassen Steckdosensicherung anbringen
Haustiere	falsche Einschätzung des Tierverhaltens (fremdeTiere nicht streicheln) Mangelnde Hygiene	Umgang mit Tieren üben nach dem Spiel mit Tieren Hände waschen

(Bayer. Staatsministerium für Arbeit, Familie und Sozialordnung, Hrsg.: Sicherheit für Ihr Kind – (k)ein Kinderspiel, München 1992, 8. Auflage)

---

[1] Oben genannte Unfallarten beziehen sich ausschließlich auf den häuslichen Bereich. Das Verhalten im Verkehr und damit Unfälle im Straßenverkehr, sind nicht Gegenstand des Faches Praxis- und Methodenlehre Hauswirtschaft.

Eine häufige Unfallursache bei Kindern ist der **Sturz**.

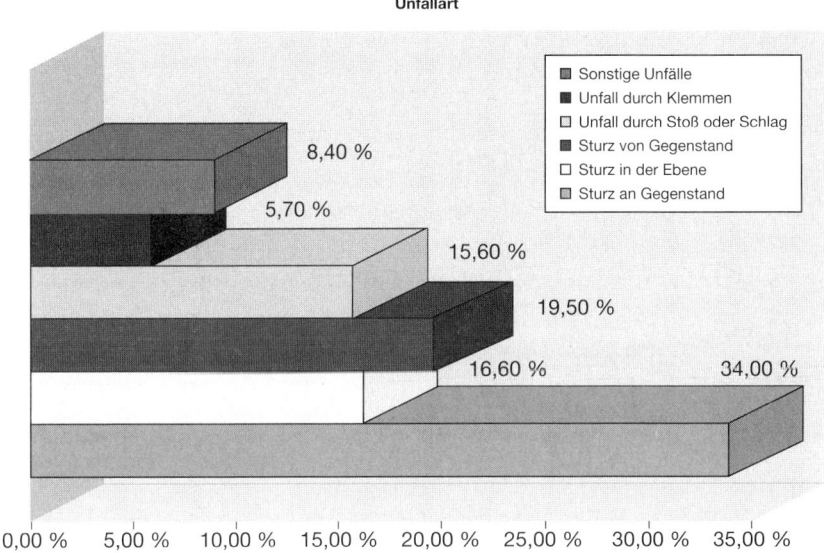

Unfallart

- Sonstige Unfälle
- Unfall durch Klemmen
- Unfall durch Stoß oder Schlag
- Sturz von Gegenstand
- Sturz in der Ebene
- Sturz an Gegenstand

8,40 %
5,70 %
15,60 %
19,50 %
16,60 %
34,00 %

0,00 %   5,00 %   10,00 %   15,00 %   20,00 %   25,00 %   30,00 %   35,00 %

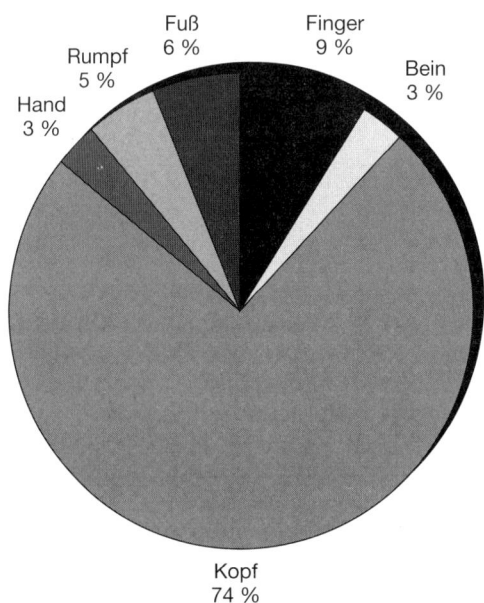

Verletzte Körperteile

Fuß 6 %
Finger 9 %
Rumpf 5 %
Bein 3 %
Hand 3 %
Kopf 74 %

*(Daten aus Kunz, T.: Voraussetzungen und Möglichkeiten der Sicherheitserziehung im
Kindergarten, München 1989, in BAGUV, Hrsg., GUV 57.1.32, S. 7, eine Untersu-
chung und Auswertung von über 1500 Unfällen aus städtischen und konfessionellen
Kindergärten in Frankfurt/M. 1986)*

Wahrnehmen von Unfallgefahren mit den Sinnen

Sehen

von Abfall am Boden, lose hängendem Kabel, offen stehenden Medikamenten usw.

Hören

von überkochendem Wasser, spritzendem Fett, schlagendem Elektrogerät usw.

Riechen

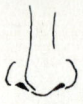

von schmorenden Kabeln, verbranntem Fett, versengtem Stoff usw.

Fühlen

von heißer Herdplatte, rutschendem Teppich, feuchtem Boden usw.

Aufgaben

1. *Nennen Sie die Hauptunfallgruppen bei Kindern.*
2. *Welche weiteren Beispiele können Sie aus dem Alltag in der Einrichtung und Ihrem privaten Umfeld nennen? Ordnen Sie zu.*
3. *Finden Sie passende Maßnahmen zur Unfallvermeidung.*

2.3 Maßnahmen zur Verminderung von Unfallrisiken

2.3.1 Umsichtig und vorausschauend planen und handeln

Beachten Sie:

Umsichtig sein beinhaltet: **„sich umsehen"**, z. B. im Gruppenraum, im Waschraum, in der Küche, auf den Gängen usw.
Vorausschauend planen und handeln erfordert die Fähigkeit, **mögliche Gefahrensituationen des Alltags im Vorfeld erkennen** zu können, um daraus sinnvolle **Handlungskonsequenzen** zu ziehen.

Vorbeugen, z. B. durch technische Sicherungsmaßnahmen, wie:

Herdschutzeinrichtung

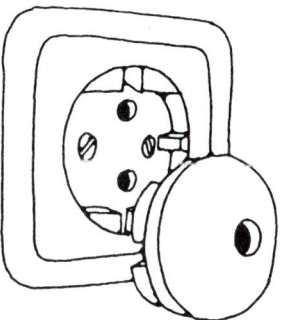

Steckdosensicherung

Weitere Sicherungsmaßnahmen, z. B.:

Türschranksperre,
Schubladenstopper,
Türstopper,
Kühlschranktürstopp,
Eckenschützer,
Fenstersicherung,
bewegliche Schutzgitter.

> **Viele Artikel des täglichen Lebens weisen funktions- und wirkungsbedingte Gefahren auf, ohne die sie wirkungslos wären. Denken Sie an Medikamente, Reinigungsmittel, Werkzeuge für Küche, Haus und Garten, Hobby usw.**

Beachten Sie:

1. Informieren Sie sich über weitere technische Kindersicherungen in Fachzeitschriften und Fachgeschäften (Hersteller, Preise, Preisvergleiche).
2. Welche technischen Kindersicherungen gibt es in Ihrer Praktikumseinrichtung?
3. Führen Sie ein Gespräch mit Ihrer Praktikumsanleiterin über deren Erfahrungen mit technischen Kindersicherungen in der Einrichtung. Notieren Sie die Gesprächsergebnisse. Ordnen Sie die Aussagen nach pro und contra.
4. Nennen Sie wirksame, aber gefährliche Gegenstände aus dem Bereich Küche, Gruppenraum, Kinderzimmer und Garten.

Aufgaben

Erkennen Sie rechtzeitig, was das Kind beabsichtigt.

- Überlegen Sie rechtzeitig, was Sie für bestimmte Tätigkeiten benötigen, um diese zu beschaffen und bereitzustellen,
- schätzen Sie die Zeitdauer für bestimmte Tätigkeiten situationsgerecht und ausreichend ein,
- beziehen Sie mögliche unvorhergesehene Ereignisse in Ihre Vorüberlegungen ein,
- arbeiten Sie überlegt, ruhig und entspannt. Ihre Arbeitshaltung überträgt sich auf die Kinder.

2.3.2 Mit Ordnung und Systematik tätig werden

Fallbeispiel

Die Kinderpflegerin Sabrina betreut für vier Wochen während des Kuraufenthaltes von Frau Sch. deren 4-jährigen Sohn Felix.

Eines Nachmittags entdeckt Sie Felix im Vorratsraum!

Sabrina erschrickt.

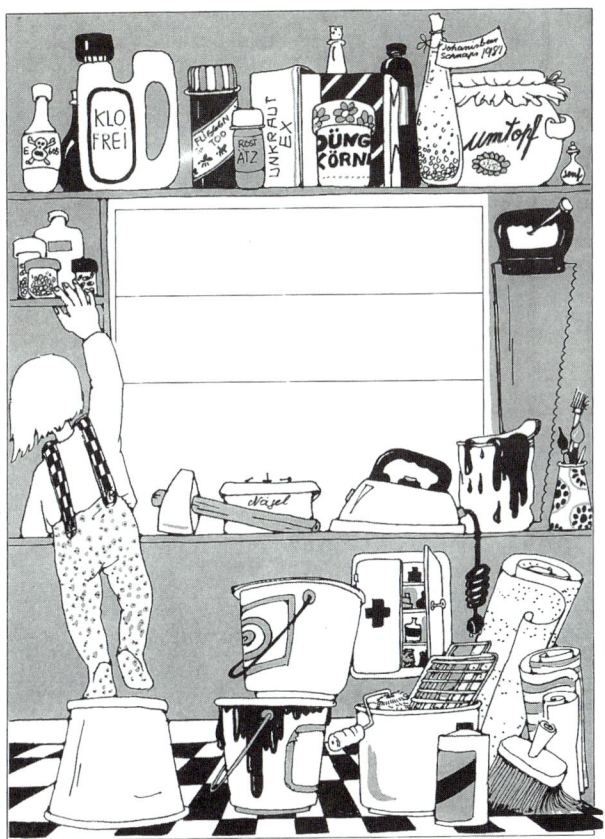

1. *Warum erschrickt Sabrina?*
2. *Erarbeiten Sie Verbesserungsvorschläge für den Vorratsraum von Frau Sch.*
3. *Wo und wann sind Ordnung und Systematik in der Einrichtung von besonderer Bedeutung? Begründen Sie.*

Aufgaben

Achten Sie auf Ordnung während der Arbeit. Halten Sie die Kinder zur Ordnung an.
Stellen Sie momentan nicht benötigte Gegenstände überlegt beiseite.
Bewahren Sie gefährliche Dinge kindersicher auf.
Räumen Sie gefährliche Gegenstände nach Benutzung sofort weg.

Beachten Sie:

2.3.3 Die Aufsichtspflicht ernst nehmen

„Tragisches Unglück in B. – vierjähriges Kind getötet!"

In der Kleinstadt B. ereignete sich ein tragisches Unglück.

Die vierjährige Susanne M. spielte mit einem beschädigten Stromkabel in der elterlichen Küche. Als sie es in eine un- gesicherte Steckdose hielt, bekam das Kind einen tödlichen Stromschlag. Die Eltern saßen im Wohnzimmer vor dem Fernseher.

Die Staatsanwaltschaft ermittelt.

Aufgaben

1. *Was hat Ehepaar M. versäumt?*
2. *In welchen Bereichen der Einrichtung ist die Wahrnehmung der Auf- sichtspflicht besonders bedeutsam?*
3. *Nennen Sie praktische Beispiele aus dem hauswirtschaftlichen Bereich.*

> Auch im Privathaushalt mit Kindern muss die Aufsicht immer gewähr- leistet und organisiert sein, z. B. Nachbarschaftshilfe, Babysitter, Ver- wandte o.Ä.

2.3.4 Kindgemäße Alternativen zu gefährlichen Tätigkeiten schaffen

Alternative = andere Möglichkeiten schaffen.

Erwachsene gehen häufig, ohne sich dessen bewusst zu sein, für Kinder ge- fährlichen Tätigkeiten nach, wie Kochen, Backen, Putzen, Pflanzenpflege, Gartenarbeit.

Gerade hauswirtschaftliche Arbeiten wecken bei Kindern, vor allem im Kinder- gartenalter, häufig brennendes Interesse und den Wunsch, den Erwachsenen nachzuahmen. Als typisches Beispiel wäre das Geschirrspülen zu nennen.

Eine sicherheitsgeprüfte Kinderküche, ein Kinderbügelbrett mit Bügeleisen, ein Kinderbeet für Kräuter oder Blumen können hier Unfällen vorbeugen.

(Bayerisches Staatsministerium für Arbeit, Familie, Sozialordnung: Sicherheit für Ihr Kind – (k)ein Kinderspiel, München 1992, S. 4)

Aufgaben

1. *Überlegen Sie jeweils zwei Tätigkeiten aus den Bereichen **Kochen und Backen, Pflanzen und Blumenpflege, Reinigungs- und Wäschepfle- gearbeiten**, die von Kindern im Kindergartenalter gefahrlos ausgeübt werden können. Begründen Sie Ihre Ansicht.*
2. *Was tun Sie, wenn Sie keine kindgemäßen Alternativen für Tätigkeiten im Haushalt anbieten können?*

Sicherheitserziehung bedeutet nicht, das Kind von allen Gefahren fern zu halten, sondern es zum sicheren Umgang mit den vielfältigen Gefahren im Alltag zu erziehen, z. B. durch:

Beachten Sie:

- das Vorleben von sicherem Verhalten (Vorbild sein),
- zu sicherem Verhalten motivieren und anregen (Lob),
- richtiges Verhalten vorzeigen (Umgang mit elektrischem Rührgerät),
- gefährliche Tätigkeiten gemeinsam ausführen, dabei Hilfestellung leisten (Rühren eines Kuchenteiges mit dem elektrischen Rührgerät),
- gefährliche Tätigkeiten unter Aufsicht alleine ausüben lassen,
- bei sicherheitswidrigem Verhalten die Arbeitsweise liebevoll und einsichtig verbessern,
- Sicherheitserziehung in den Tagesablauf integrieren und bei täglichen Verrichtungen anwenden (Straßenschuhe ordnen, Garderobe, Kindergartentaschen u.v.m.),
- sicheres Verhalten kontrollieren und den Kindern Rückmeldung geben,
- Grenzen setzen - nicht alles ist im Miteinander erlaubt.

(vgl. Bayerisches Staatsministerium für Arbeit, Familie, Sozialordnung: Sicherheit für Ihr Kind – (k)ein Kinderspiel, München 1992, S. 4)

2.4 Die Entwicklung des Gefahrenbewusstseins

Grundsätzlich ist ein **akutes Gefahrenbewusstsein** (selbstständiges Identifizieren gefährlicher Situationen) erst im Alter von **fünf bis sechs Jahren** möglich. Deshalb ist das zunächst kurzfristige Ziel im Kindergarten und im sonstigen sozialen Umfeld, auf mögliche Gefahren aufmerksam zu machen.
Ein **voraussehendes Gefahrenbewusstsein** (antizipierendes Gefahrenbewusstsein) entwickelt sich, unter dem Einfluss von Elternhaus und Schule, erst im Alter **bis zu ca. acht Jahren.**
Ein **vorbeugendes Gefahrenbewusstsein** (prophylaktisches Gefahrenbewusstsein) ist erst mit dem **neunten/zehnten Lebensjahr** ersichtlich.

„Sich längerfristig konzentrieren können" ist Basis für ein stabiles, sicherheitsorientiertes Verhalten. Da Kindergartenkinder eine sehr kurze Konzentrationsfähigkeit haben, ergibt sich die Notwendigkeit zum Üben in kleinen Alltagssituationen.

(vgl. Bayerisches Staatsministerium für Arbeit, Familie, Sozialordnung: Sicherheit für Ihr Kind – (k)ein Kinderspiel, München 1992, S. 4)

Alltägliche Situationsbeispiele aus dem Kindergartenbereich zum Wahrnehmen von Gefahren

- Kennen lernen der wichtigsten Gefahrenzeichen oder -symbole, vgl. auch an praktischen Beispielen wie lösungsmittelhaltige Klebstoffe, hautverletzende Putz- und Reinigungsmittel u.a.

- Kennen lernen von Gefahren, die im Kindergarten auftreten können, z. B. beim
  Holen der Taschen,
  Gehen auf der Treppe,
  Tragen von Stühlen,
  Bedienen von Küchengeräten,
  Entstehen von Rutschflächen:
  – beim Händewaschen,
  – beim Blumengießen,
  – beim Getränkeausgießen.
  Anzünden von Kerzen,
  Turnen und sonstigen sportliche Übungen,
  Spielen im Außengelände,
  Berühren oder Verzehren von Pflanzen oder Pflanzenteilen,
  Gebrauch von Messer, Schere, Werkzeugen und Gartengeräten.

Aufgaben

1. *Finden Sie noch weitere Möglichkeiten zum Wahrnehmen von Gefahren in Ihrer Einrichtung.*
2. *Wie ist Ihr erzieherisches Verhalten, wenn Kinder Gefahren selbstständig wahrnehmen und Ihnen diese mitteilen?*

2.5 Förderung kindlichen Gefahrenbewusstseins

2.5.1 Gefahrensuchbilder

Aufgabe

In der Küche

Fallbeispiel

Situativer Ansatz:
Die 4½-jährige Martina verletzte sich in der Einrichtung beim Rühren eines Kuchenteiges mit dem elektrischen Rührgerät. Ihre Finger gelangten in die rotierenden Besen. Es entstand keine ernsthafte Verletzung, jedoch hat Martina einen kleinen Schock erlitten. Seit diesem Vorfall zeigt sie Angst vor laufenden elektrischen Geräten.

Zur Aufarbeitung des Unfalls in der Gruppe bietet sich unter anderem der Einsatz eines Gefahrensuchbildes an.
Die Kinder sitzen im Stuhlkreis um den Gruppentisch.

Die Kinderpflegerin zeigt ein treffendes, gut erkennbares Gefahrensuchbild.
* Gemeinsam wird die Situation auf der Abbildung beschrieben (z. B. Anzahl der Personen, Arten der ausgeführten Tätigkeiten, erklären unbekannter Dinge und Tätigkeiten usw.),
* im Gespräch werden die Gefahrensituationen gefunden und begründet, weshalb diese Situationen gefahrvoll ist,
* zur Verbesserung und Vorbeugung werden hilfreiche Tipps überlegt und gesammelt, Erfahrungen der Kinder werden eingebracht,
* die Gefahrensituationen werden farbig umkreist oder bunt ausgemalt.

Wo ist der Einsatz sinnvoll?
* Vor dem Kennenlernen der Küche als Arbeitsraum,
* vor der Durchführung des gezielten Angebotes als Hinweis auf mögliche Gefahren,
* nach der Durchführung des gezielten Angebotes als vertiefende Möglichkeit,
* zur Aufarbeitung des Geschehens, nachdem sich ein Kind verletzt hat.

2.5.2 Gefahrensymbole

 (a) giftig,
sehr giftig

 (e) kein
Trinkwasser

Aufgabe

 (b) gesundheits-
schädlich
mindergiftig
reizend

 (f) kein offenes
Feuer

 (c) ätzend

 (g) Rauchen
verboten

 (d) hoch und leicht
entzündlich

 (h) Gefahrenstelle

Tipp zur
Methode

Beim Arbeiten mit Gegenständen, die Gefahrensymbole tragen, kann auf den Symbolgehalt hingewiesen werden.
Den Kindern werden Originalverpackungen vorgestellt. Immer zwei Kinder finden als Partner das oft **winzig kleine Symbol**.

2.5.3 Kindgerechte Darstellung von Gefahren: Gefahrenteufelchen

Aufgabe

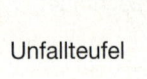

Unfallteufel

Sturzteufel

Hitzeteufel

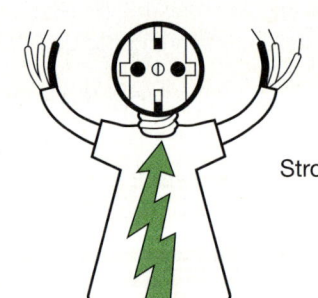

Stromteufel

Schneideteufel

Giftteufel

Tipp zur
Methode

- Kennen lernen der Figur und dabei Wesensmerkmale des Teufelchens herausstellen lassen (Gabel, Hörner, Klumpfuß),
- „Verkleidungen" des Teufelchens entdecken, z. B. als Feuerteufel (Unfallgefahren sind häufig verdeckt),
- Wesensmerkmale der verkleideten Teufelchen beschreiben lassen (Sturz = Fäuste, Treppe),
- Ausschneiden von Unfallbildern aus entsprechenden Fachbroschüren. Daraus Kärtchen erstellen und diese den jeweiligen Teufelchen zuordnen, z. B.:

Schneideteufel

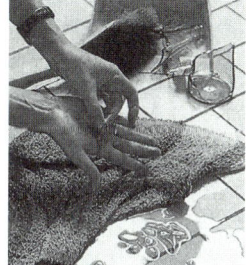

- Die Kinder erhalten 1-2 Teufelchen im Kleinformat als überzogenes Kärtchen. Im Gruppenraum, in der Küche oder im Waschraum wird das entsprechende Teufelchen gefunden und das Kärtchen mit Klebestreifen befestigt.

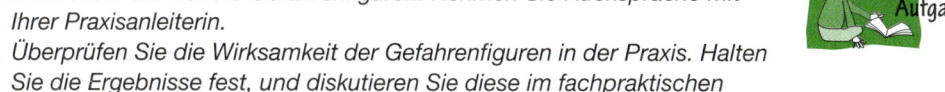

1. Entwickeln Sie weitere Gefahrenfiguren. Nehmen Sie Rücksprache mit Ihrer Praxisanleiterin.
2. Überprüfen Sie die Wirksamkeit der Gefahrenfiguren in der Praxis. Halten Sie die Ergebnisse fest, und diskutieren Sie diese im fachpraktischen Unterricht. Wägen Sie pro und contra ab.

Aufgaben

Der „Sicherheitskoffer"

Er dient dem Sammeln und Aufbewahren von Material zur Sicherheitserziehung.

Das „Rezept"

Man nehme einen leichten, gut verschließbaren Reisekoffer, kennzeichne diesen und fülle ihn mit

a) **gefährlichen Gegenständen aus dem Alltag, wie einem** zerschlissenen Kabel, bunten Tabletten und Dragees in durchsichtigen Döschen, einem angesengten Geschirrtuch, einer Kerze, einer Packung Streichhölzer, einer Klebstoffpackung mit Gefahrensymbol, einer Plastiktüte, einem Fläschen Eau de Toilette u.v.m.
b) **„Sicherheitsutensilien"**, wie vergrößerten Abbildungen von Gefahrensymbolen, Gefahrensuchbildern, einfachen technischen Sicherungen (z. B. Steckdosensicherung, Eckenschutz usw.).
c) **einfachem Verbandsmaterial**, wie verschiedenen Pflastern, Schere, Mullauflagen usw.

> Der Koffer steht dem Fachpersonal für die Sicherheitserziehung zur Verfügung und kann fortlaufend ergänzt werden.

Seine Vorteile

- Er erzeugt bei den Kindern einen Überraschungseffekt und weckt Neugierde (z. B. beim Einstieg in die Thematik Sicherheit),
- er weist durch seinen Inhalt Praxisnähe auf, die enthaltenen Gegenstände sind den Kindern häufig vertraut,
- er ist leicht zu handhaben und zu transportieren,
- er benötigt kaum Platz und sorgt für Ordnung.

Viel Erfolg und Spaß beim „Kofferpacken".

Anfertigung einer Papiercollage zum Thema „Unfälle mit Kindern im Alltag"

„Autsch, hier ist etwas passiert!"

1. Kopieren Sie die Vorlage und schneiden Sie die Kärtchen der Vorlage entsprechend aus (s. „Autsch, hier ist etwas passiert!"). Kleben Sie diese auf passenden Karton. Ein abwischbarer Folienüberzug ist bei mehrfachem Einsatz ratsam.

2. Legen Sie ausreichend Bildmaterial (Zeitschriften, Broschüren, Kataloge) für die Kinder bereit.

3. Die Kinder sitzen im Stuhlkreis. Sie führen ein Gespräch. Dieses könnte wie folgt ablaufen:

   Schau' dir die Bilder genau an.
   Was ist mit den Kindern passiert?
   Welche Verletzungen haben die Kinder erlitten?
   Warum haben sich die Kinder verletzt?
   Was vermutest du?
   Warst du selbst schon einmal verletzt?
   Erzähle uns davon!

4. In Einzel- oder Partnerarbeit wählen die Kinder jeweils ein Kärtchen aus. Aus dem angebotenen Bildmaterial suchen sie Dinge und Gegenstände oder Situationen mit Kindern aus, die als Unfallursache in Betracht kommen. Das Bild wird ausgeschnitten und auf ein großes Plakat geklebt.

Beispiel:

Karte 1 „Maxi mit Gipsbein" – Unfallursachen: zertretenes Obst oder Gemüse, Fruchtschalen, glitschige Seife am Boden, Sturz mit dem Rad, Fußballspielen usw.

5. Da viele Kinder suchen, finden sich vielfältige Unfallursachen. Aus den ausgeschnittenen Bildern entsteht eine Papiercollage, die im Gruppenraum aufgehängt und ergänzt werden kann.

Welche Fehler finden Sie?　　　*Ein „verrücktes" Haus*

Was gehört zusammen?

(Unfallursache – Unfall)

Aufgabe

2.6 Erste-Hilfe-Maßnahmen bei Kindern

Fallbeispiel

Die Kinderpflegerin Sabrina hat eine Anstellung in ihrer gewünschten Einrichtung erhalten. Sie ist sehr zufrieden und geht mit Elan an ihre neue Aufgabe heran. Doch bereits am zweiten Tag ihrer ersten Arbeitswoche passiert ein schwerwiegender Unfall.

Martin, ein fünfjähriger, lustiger Lausbub, stürzt im Außengelände der Einrichtung von der vom Regen noch feuchten Leiter des Holzhauses. Er bleibt regungslos liegen. Sabrina ist **sofort** zur Stelle.

Sie bleibt, trotz des verletzten Martins, des Schreckens und der aufgeregten Kinder um sie herum, **ruhig und überlegt**. Sabrina weiß, dass sie dem Jungen nur mit dieser Einstellung **sicher und fachgerecht** helfen kann.

Monika, ein Vorschulkind, wird von Sabrina beauftragt, die Kollegin Manuela über das Geschehen zu informieren. Manuela eilt herbei. Sie übernimmt **sofort** die **Betreuung der Kinder und bringt sie weg vom Unfallort**.

Beide Fachkräfte wissen: **Zwei Betreuungspersonen sind das Minimum für eine Gruppe.**
Hier zeigt sich, wie wichtig das ist.
Der Gesetzgeber hat überlegt: Es muss in jedem Fall für die Gesamtgruppe gesorgt sein.
Da Sabrina Ersthelferin ist, weiß sie über die **Rettungskette** Bescheid.

2.6.1 Die Rettungskette

Sie besteht aus **fünf Gliedern**. Diese bauen **sinnvollerweise** folgendermaßen aufeinander auf:

Sofortmaßnahmen
Dies sind alle lebensrettenden Maßnahmen (Schocklage, stabile Seitenlage ausführen, Blutung stillen usw.), die sofort am Unfallort ausgeführt werden müssen, um das verletzte Kind vor weiteren Gefahren zu bewahren.

Notruf
Er muss sofort erfolgen. Der Ersthelfer bleibt am Unfallort und beauftragt eine konkret benannte andere Personen, den Notruf zu veranlassen.

Erste Hilfe
Sie wird von ausgebildeten Ersthelfern, aber auch von Laien vor Ort durchgeführt.
Sachgerecht lagern, Verbände anlegen, Zuspruch und seelische Betreuung leisten, sind einige Beispiele der vielfältigen Aufgaben der Ersten Hilfe.

Rettungsdienst
Er übernimmt den fachgerechten Krankentransport. Zum Rettungsdienst gehören geschultes Fachpersonal, z. B. Rettungsassistenten, Notarzt usw.

Krankenhaus
Es übernimmt die medizinische Versorgung des verletzten Kindes. Dort endet die Rettungskette.

Die Kette ist nur so stark, wie deren schwächstes Glied ist!

Sabrina leistet folgerichtig **Sofortmaßnahmen**.

Manuela H. tätigt in dieser Zeit den **Notruf**.
In Bayern lautet die einheitliche Rufnummer für die Rettungsleitstelle: **19 222.**

Notrufnummern, wie 110 oder 112 nur im Notfall anwählen!

Manuela weiß, dass bei der Meldung die **„6 lebenswichtigen W's"** zu beachten sind:

Wo ist der Unfall passiert? Genaue Ortsangabe, Straßenbezeichnung, Hausnummer, Eingang, Stockwerk, Gruppe, Gruppenraumnummer.
Was ist passiert? Wenn möglich, kurze Beschreibung des Unfallherganges.
Wie viele Personen sind verletzt? Möglichst das Alter angeben.
Welche Verletzungen liegen vor? Ersichtliche Verletzungen oder Erkrankung angeben.
Wer ruft an? Eigenen Namen, Standort, evtl. Telefonnummer angeben.
Warten auf Rückfragen: Die Rettungsleitstelle beendet das Gespräch.

Beachten Sie:

Die Rettungsleitstelle entscheidet aufgrund Ihrer Angaben über den Einsatz des geeigneten Rettungsmittels.

Aufgaben

1. Sammeln und notieren Sie die für Sie wichtigsten Aussagen aus dem vorhergehenden Text. Fassen Sie diese zu einer kurzen Information zusammen und diskutieren Sie die Ergebnisse in der Klasse.
2. Finden Sie weitere Notrufnummern aus dem Telefonbuch. Schreiben Sie die für Sie wichtigsten Nummern auf ein Kärtchen zum Mitführen im Geldbeutel.
3. Nennen und erläutern Sie die sechs wichtigen W-Fragen.

Die Schocklagerung

Am Unfallort leistet Sabrina noch Sofortmaßnahmen am verletzten Martin. Er spricht mit ihr und lacht schon wieder ein bisschen. Sabrina atmet auf, lässt sich jedoch nicht beirren. Sie führt die **Schocklagerung** aus, die Martin neugierig mit sich geschehen lässt.

Und so sieht die **Schocklagerung** aus:

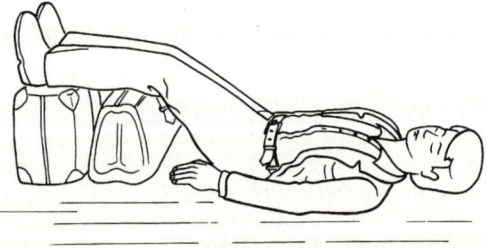

(„AOK-Eltern-Kind-Info" W 787 Januar 95)

Sabrina kennt die typischen **Schockkennzeichen**

- fahle Blässe,
- kalte Haut, Frieren,
- Schweiß auf der Stirn,
- schneller, aber schwächer werdender Puls, schließlich kaum tastbar,
- auffallende Unruhe oder Teilnahmslosigkeit.

Nicht alle Symptome treten gleichzeitig auf, aber Sabrina weiß, **ein Schock bedeutet Lebensgefahr!**
Bewusstlosigkeit infolge von Schock beeinträchtigt das Funktionieren lebenswichtiger Organe, z. B. Gehirn, Lunge, Niere.

Schockauslöser können sein:

- Schmerz,
- starke psychische Belastungen,
- Verbrennungen, Verbrühungen,
- Blutungen,
- Brechdurchfälle,
- zu wenig Flüssigkeitszufuhr, hohe Flüssigkeitsverluste (Sport, heißes Klima usw.).

Schockbekämpfung

- Schocklagerung herstellen,
- für Frischluftzufuhr sorgen,
- beengende Kleidung öffnen,
- für Ruhe sorgen,
- dem Kind beruhigend zureden,
- Wärmeverluste vermeiden (zudecken mit Jacke, Decke, Mantel; falls verfügbar, auf Wolldecke legen),
- Blutung stillen, starke Verletzungen abdecken,
- Puls, Atmung und Bewusstsein überwachen.

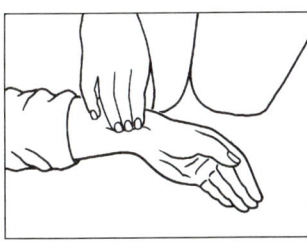 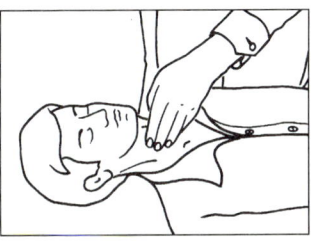 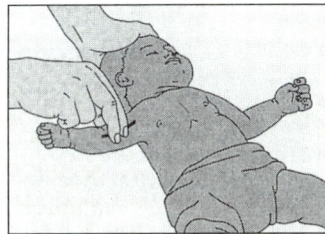

Pulskontrolle am Handgelenk, Pulskontrolle am Hals, Pulskontrolle an der Oberarmschlagader bei Säuglingen und Kleinkindern

Normalwerte des Pulses pro Minute

Säuglinge	120 - 140 Schläge pro Minute
Kleinkinder	100 - 120 Schläge pro Minute
Schulkinder	80 - 100 Schläge pro Minute
Erwachsene	60 - 80 Schläge pro Minute

(AOK Elterninfo Kind, „Kindersicher" Erste Hilfe bei Kindern, Best. Nr. W 787, Januar 95)

Da Sabrina im Freien keine geeignete Auflage für die Beine zur Verfügung hat, führt sie das **Anheben der Beine** selbst durch (**Selbsttransfusion**).

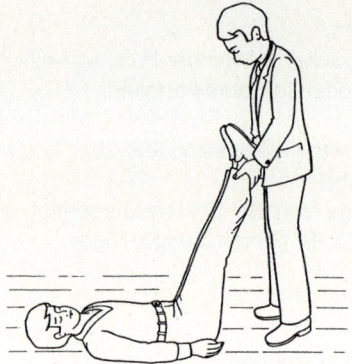

Aufgaben

1. Nennen Sie die typischen Schockkennzeichen.
2. Wodurch könnte bei Martin ein Schock ausgelöst werden?
3. Beschreiben Sie beide Arten der Schocklagerung.
4. Wie führen Sie die Pulskontrolle bei Säuglingen und Kleinkindern durch?

Sabrina erklärt Martin ihre Maßnahmen **mit einfachen Worten**, um ihn zu **beruhigen** und **abzulenken**. Dabei **tröstet** sie ihn, da sie doch eine versteckte Träne bei dem kleinen Jungen entdeckt hat. Martin mag Sabrina gerne, und er **vertraut** ihr – auch als sie sagt, dass der **Arzt mit dem Rettungswagen** bald eintreffen wird. Da hat Martin schon ein bisschen **Angst bekommen**. So eine Aufregung, so viele Menschen..., aber Martin weiß, Sabrina **bleibt bei ihm**, auch im Rettungswagen und im Krankenhaus, **wenn er es möchte**.
Manuela **wartet** an der Straße auf den Rettungswagen und **führt** den Notarzt und seine Helfer **sofort zum Unfallort**. Dadurch gelangen sie ohne **unnötige Zeitverlust**e zum verletzten Kind.
Der Notarzt ist sehr freundlich und lobt alle Beteiligten für ihr vorbildliches Verhalten.
Jetzt hat Martin keine Angst mehr, besonders, als der Arzt ihm erklärt, dass eine spannende Fahrt im Rettungswagen auf ihn wartet.

Manuela hat daran gedacht, **gleich nach dem Notruf**, die **Eltern** von Martin zu **verständigen**. Für alle Fälle sind die **privaten** und **beruflichen Telefonnummern** der Eltern in den Unterlagen von Martin vermerkt.
Daneben finden sich bei manchen Kindern noch Eintragungen über deren besondere gesundheitliche Situation, z. B. Diabetes, Krampfanfälle, Allergien, Asthma usw.
Bevor der Rettungswagen abfährt, drückt Sabrina Martin noch sein **Lieblingsspielzeug**, den Bären Brumm, in den Arm und verspricht, ihn bald anzurufen und zu besuchen.
Sabrina und Manuela atmen auf, als Martin, gut versorgt, zur Untersuchung ins Krankenhaus unterwegs ist. Manuela trägt den Unfall in das **Unfallbuch** ein, während Sabrina ihre aufgeregte Gruppe von der zwischenzeitlichen Betreuerin übernimmt.

2.6.2 Regeln für den Umgang mit verletzten Kindern

1. Anwesenheit einer Bezugsperson
2. Mitnehmen des Lieblingsspielzeuges, z. B. ein Stofftier
3. Ablenken von der Situation
4. Erklären der Maßnahmen mit eigenen Worten
5. Emotionale Zuwendung zeigen (trösten, beruhigen, streicheln)
6. Bedecken von Verletzungen
7. Die Bezugsperson zeigt ruhiges Verhalten

Beachten Sie:

(KINO, BRK München, Seitzstr. 8)

Im Gruppenraum versammelt Sabrina die Kinder um sich. Sie sprechen über den Unfall und überlegen gemeinsam die Unfallursache und wie der Unfall hätte vermieden werden können. Glücklicherweise kann Sabrina auf ihre Papiercollage zum Thema „Unfälle mit Kindern im Alltag", s. Kap. 2.5.1 zurückgreifen. Sabrina schlägt den Kindern vor, gemeinsam für Martin etwas Leckeres in der Küche als Genesungsgeschenk zuzubereiten.

Aufgaben

1. *Wie können Sie dafür sorgen, dass der Rettungsdienst ohne Verzögerung zu einem verletzten Kind gelangt?*
2. *Warum hat Manuela gleich nach dem Notruf die Eltern von Martin informiert? Begründen Sie Ihre Aussage.*
3. *Nennen Sie die Regeln für den Umgang mit einem verletzten Kind.*
4. *Fragen Sie nach Unfallgeschehnissen in Ihrer Einrichtung innerhalb des letzten Jahres (Arten und Ursachen von Unfällen, Alter der verletzten Kinder, Reaktionen der Kinder und Eltern, Ablauf der Versorgung der verletzten Kinder, evtl. Spätfolgen, eingeleitete Abhilfemaßnahmen in Zusammenhang mit diesen Unfällen). Fassen Sie die Ergebnisse Ihrer Befragung kurz zusammen.*

2.6.3 Bewusstsein überprüfen

Zu Hause nimmt sich Sabrina nochmals ihre „Erste-Hilfe-Unterlagen" aus der Schulzeit vor. Sie liest sie aufmerksam durch und überlegt, was zu tun gewesen wäre, hätte Martin **nicht gesprochen** und sich **nicht bewegt**.

Sie liest:

Bewusstsein überprüfen durch

- **A**nfassen (rütteln),   die 2 **A**'s zur Bewusstseinsüberprüfung
- **A**nsprechen
  (Hallo, hörst du mich?).

Kennzeichen von Bewusstlosigkeit

- das Kind reagiert nicht auf Reize,
- das Kind ist nicht ansprechbar.

Auslöser für Bewusstlosigkeit können sein

- Gewalteinwirkung auf den Kopf, Nacken usw.,
- Sauerstoffmangel,
- Vergiftungen, z. B. durch verdorbene Lebensmittel, Pflanzen usw.,
- starke Klimaeinflüsse, wie Hitze, Kälte,
- Schock,
- Krampfanfälle.

Bekämpfung der Bewusstlosigkeit bei vorhandener Atmung:

- Atmung überprüfen durch:
  - Hören von Atemgeräuschen,
  - Fühlen von Atembewegungen,
  - Sehen von Atemluft und Atembewegungen.
- Bauchlage herstellen (bei Kindern bis zu zwei Jahren) oder
- stabile Seitenlage herstellen, dabei
- ständig Atmung, Puls und Bewusstsein kontrollieren (Pulskontrolle s. S. 97).

Die stabile Seitenlage

Beachten Sie: bei Säuglingen bis zu einem Jahr nur die Bauchlage ausführen.

(1) Hüfte leicht anheben und den Arm des Betroffenen gestreckt darunterlegen.

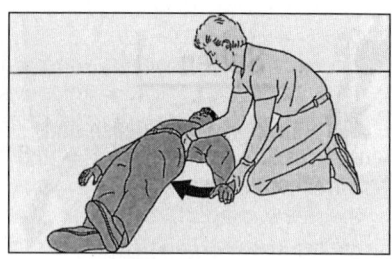

(2) Das dem Helfer am nächsten liegende Bein so aufstellen, dass es maximal gebeugt ist.

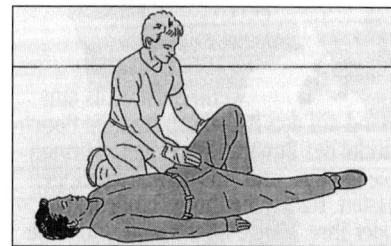

(3) Den Betroffenen an der gegenüberliegenden Schulter und Hüfte fassen und vorsichtig zu sich herumziehen.

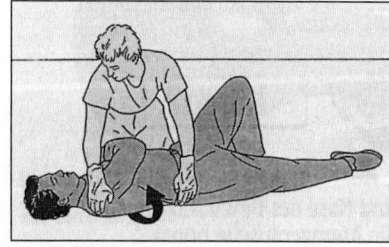

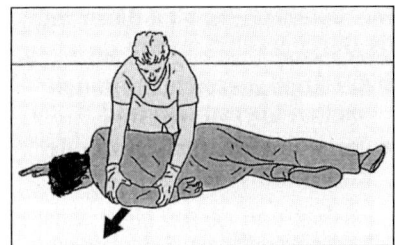

(4) Zur Stabilisierung den anderen Arm des Betroffenen am Ellenbogengelenk nach hinten ziehen.

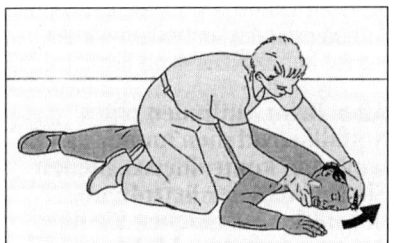

(5) Den Kopf überstrecken (an Stirn und Kinn fassen). Position mit Unterlegen der Hand unter die Wange stabilisieren. Mund öffnen und zum Boden wenden.

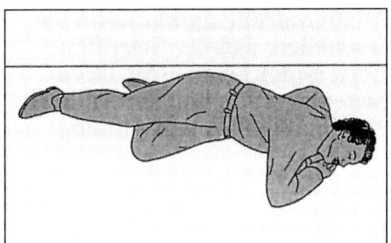

Bekämpfung der Bewusstlosigkeit mit Atemstillstand

- Atmung überprüfen, s.o.,
- Fremdkörper aus Mund und Rachen entfernen (Freimachen der Atemwege),
- Kopf überstrecken.

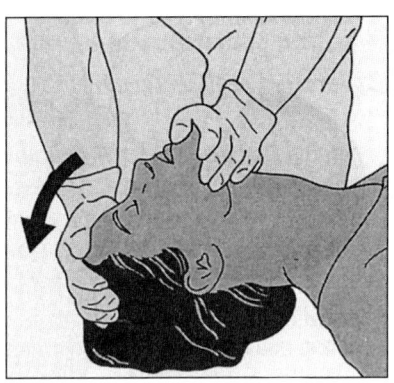

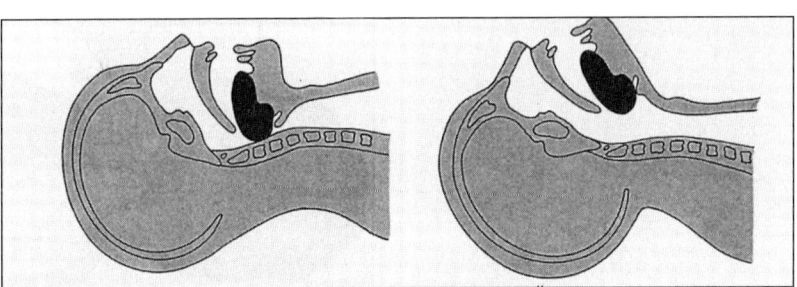

links:
Die Zunge verlegt die Atemwege ...

rechts: ...durch Überstrecken des Kopfes werden die Atemwege wieder frei.

Möglichkeiten der Atemspende

- Mund zu Mund-Beatmung (bei Verletzungen der oberen Gesichtshälfte und der Nase),
- Mund zu Nase-Beatmung,
- Mund zu Mund- und Nase-Beatmung bei Säuglingen und Kleinkindern.

Beatmungshäufigkeit pro Minute

- Säuglinge 30 - 40 mal pro Minute,
- Kinder bis zu 6 Jahren 20 - 25 mal pro Minute,
- Kinder ab 6 Jahre 15 - 20 mal pro Minute.

Bei Einsetzen der Eigenatmung wird die Atemspende abgesetzt, jedoch werden Atmung, Puls und Bewusstsein bis zum Eintreffen des Notarztes weiterhin ständig kontrolliert. Das Kind befindet sich in Bauch- oder Seitenlage.

Aufgaben

1. Nennen Sie die 2 A's zur Bewusstseinsüberprüfung.
2. Welche Auslöser für Bewusstlosigkeit kennen Sie?
3. Wodurch ist Bewusstlosigkeit gekennzeichnet?
4. Wie überprüfen Sie die Atmung?
5. Was müssen Sie vor einer Atemspende beachten?

2.6.4 Vitalfunktionen

Vita = lat. das Leben, vital = lebendig

Vitalfunktionen sind lebensnotwendige Funktionen des Körpers. Sie betreffen Bewusstsein, Kreislauf und Atmung. Der Ausfall einer Funktion bringt das verletzte / erkrankte Kind in Lebensgefahr.

Auch Martin hätte das Bewusstsein verlieren können.

Für ihren Schreibtisch im Gruppenraum legt sich Sabrina nachfolgende Gedächtnisstütze an:

Auffinden eines verletzten Kindes

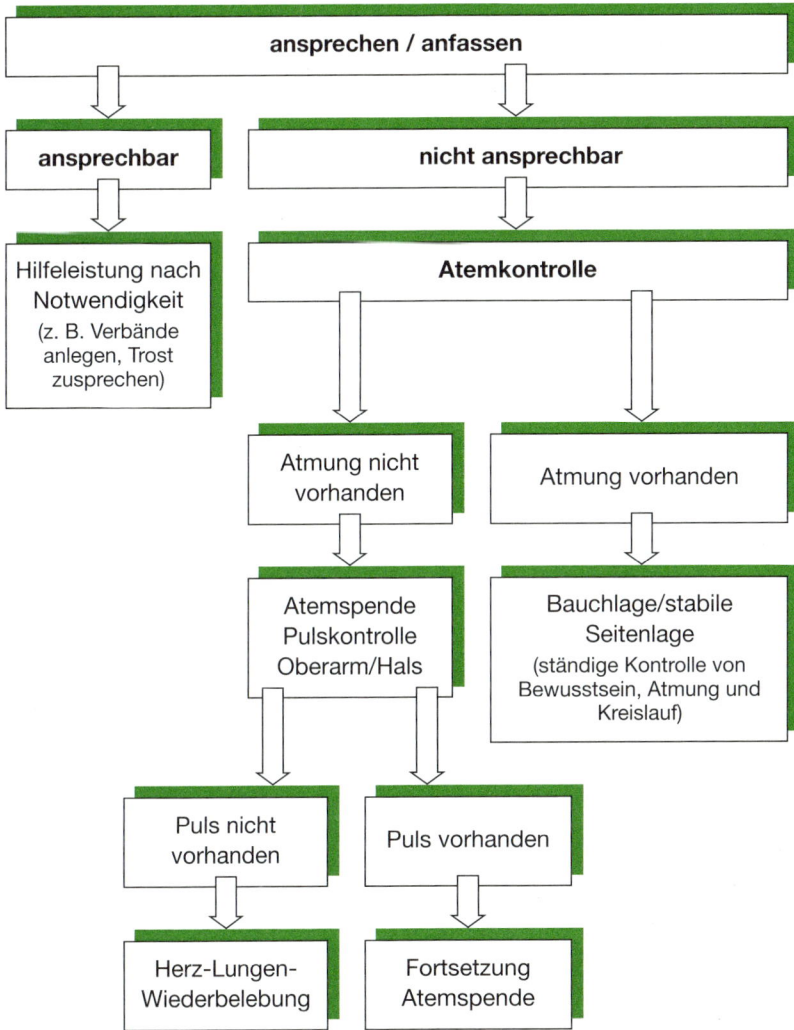

Gute Nachrichten über den Gesundheitszustand von Martin

Martin konnte schon nach einer Woche wieder in den Kindergarten kommen. Er hatte glücklicherweise keine ernsthafte Verletzung erlitten.

Durch den Unfall von Martin wurde deutlich, wie wichtig sichere Kenntnisse in Erster Hilfe für die Arbeit mit Kindern sind. Deshalb findet für das Personal in der Einrichtung baldmöglichst ein **„Erste-Hilfe-Kurs für Kinder"** statt.

2.6.5 Praktische Erste-Hilfe-Maßnahmen

Kleine blutende Wunden, z. B. Schnittwunden durch Messer, Glas, scharfe Papierkanten usw.

Erste-Hilfe-Maßnahmen

- Die Wunde ausbluten lassen = Selbstreinigung der Wunde,
- Blut mit steriler Kompresse (Gaze) abtupfen, dabei die Wundränder vorsichtig säubern,
- Pflaster fachgerecht aufkleben.

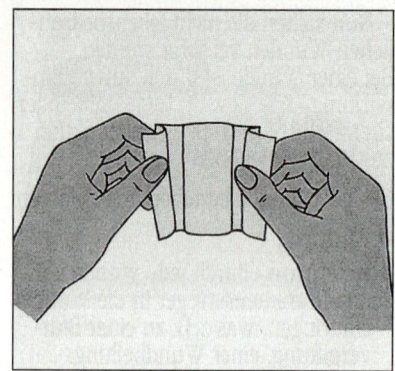

Das Aufkleben eines Pflasters (Wundschnellverband):

- Hände waschen, evtl. Einmalhandschuhe verwenden,
- Schutzfolien abziehen, dabei die Wundränder nicht mit den Klebestreifen in Berührung bringen,
- Wundauflage direkt auf die Wunde bringen,
- nur hygienisch einwandfreie Pflaster verwenden,
- auf das Verfallsdatum achten.

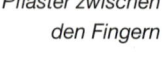

Pflaster zwischen den Fingern

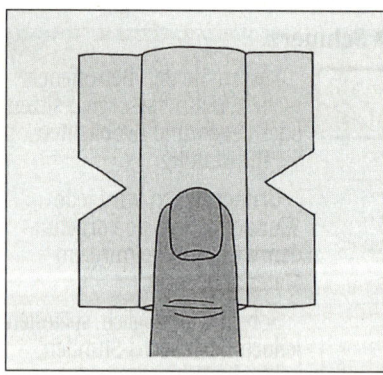
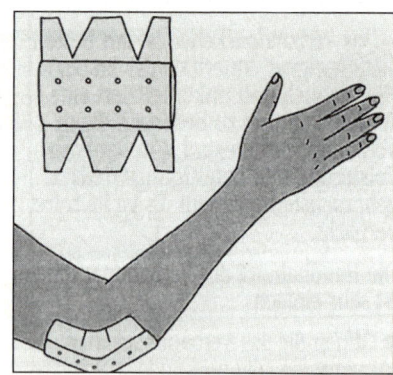

*links: Fingerkuppenpflaster
rechts: Ellbogenpflaster*

Eigenschaften eines Kinderpflasters zur Förderung der Wundheilung

- luftdurchlässig,
- Wasser abstoßend,
- gut haltbar, aber auch leicht ablösbar,
- hypoallergen durch hautfreundliche Klebematerialien.

> **Kleine blutende Wunden (oberflächliche Verletzungen) durch Tierbisse oder -kratzer mit reichlich fließendem warmen Wasser auswaschen, um Schmutzteilchen zu entfernen. Klar nachspülen und ein Pflaster fachgerecht aufkleben.**
> **Bei Tierbissen immer einen Arzt aufsuchen.**

Stark blutende Wunden, z. B. Platzwunden, Stichwunden usw.

Erste-Hilfe-Maßnahmen

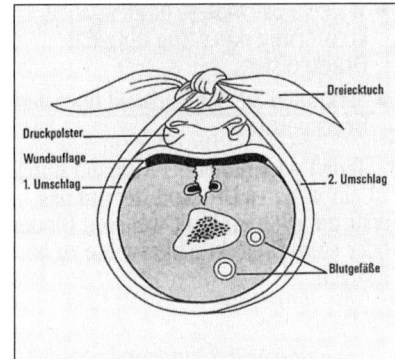

Druckverband

- Hier muss die Wunde schnell versorgt, vor allem die Blutung gestillt werden,
- die Wunde wird mit einer sterilen Kompresse abgedeckt und straff ver- bzw. abgebunden,
- bei stärkeren Blutungen ist ein Druckverband anzulegen. Auf die Kompresse werden z. B. eine Packung Papiertaschentücher oder eine Verbandrolle gelegt und mit einem Tuch befestigt. Das entstandene Wundpolster sorgt für den nötigen Gegendruck,
- verletzten Körperteil hochlagern (über Herzniveau),
- sofort den Arzt verständigen oder aufsuchen,
- hohe Blutverluste können zu Schock, bzw. Schock mit Todesfolge führen.

Schürfwunden

Erste-Hilfe-Maßnahmen

- Durch das Aufreiben der Haut sickert das Blut nur spärlich. Eine natürliche Reinigung durch Blutfluss entsteht nicht,
- damit sich rasch Schorf bilden kann, empfiehlt es sich, die Wunde an der Luft trocknen zu lassen,
- kommt die Wunde in Kontakt mit Textilien, bzw. besteht die Gefahr der Verschmutzung, wird ein hoch luftdurchlässiges Pflaster aufgeklebt,
- in die Wunde eingedrungene Teile, z. B. Steinchen, vom Arzt entfernen lassen, um den „Tätowierungseffekt" zu vermeiden.

Blasen

Erste-Hilfe-Maßnahmen

- Blase mit Wasser gründlich spülen, gegebenenfalls nachspülen,
- mit steriler Kompresse abtupfen,
- Pflaster in ausreichender Größe aufkleben,
- Brandblasen nicht öffnen, um Infektionen und Narbenbildung zu vermeiden.

Nasenbluten

Erste-Hilfe-Maßnahmen

- Den Kopf des sitzenden Kindes über eine Schüssel beugen, damit das Blut abgegeben werden kann,

- nasskalte Umschläge in den Nacken legen, evtl. auch die Stirn kühlen,
- anschließend mehrere Stunden Anstrengungen vermeiden,
- bei häufig auftretenden oder lang anhaltenden Blutungen den Arzt aufsuchen.

Blutungen am und im Mund, z. B. aufgerissene Lippe, kleine Verletzung an der Zunge usw.

Erste-Hilfe-Maßnahmen

- Den Kopf des sitzenden Kindes über eine Schüssel beugen, damit das Blut abgegeben werden kann,
- die Wunde wird mit einer sterilen Kompresse bedeckt und evtl. mit Daumen und Zeigefinger vorsichtig zusammengepresst,
- Mund nicht unmittelbar ausspülen, da Wasser das Schließen der Wunde verzögert.

Blutungen durch einen ausgeschlagenen Zahn

Erste-Hilfe-Maßnahmen

- Eine sterile Kompresse zusammenrollen und auf den Zahnstumpf legen,
- das Kind beißt kräftig zusammen, dabei wird der Kiefer auf die Hand gestützt, bzw. vom Helfer nach oben gedrückt,
- den Zahnarzt aufsuchen! Den Zahn, wenn möglich, mitnehmen (Implantat).

Oberflächliche Fremdkörper in der Wunde, z. B. herausragende Holzsplitter usw.

Erste-Hilfe-Maßnahmen

- Den herausragenden Splitter mit einer sterilisierten Pinzette gerade herausziehen,
- danach die Wunde etwas zusammenpressen, damit etwas Blut austritt. Dadurch werden Schmutzteile entfernt,
- ein Pflaster fachgerecht aufkleben,
- nicht unnötig in der Wunde herumstochern, um den Splitter zu entfernen.

Tief eingedrungene Fremdkörper, z. B. Metallsplitter, Glassplitter usw.

Erste-Hilfe-Maßnahmen

- Fremdkörper nicht entfernen, um starke Blutungen zu vermeiden,
- das verletzte Kind ruhig lagern,
- die Verletzung mit einer sterilen Kompresse abdecken,
- den Fremdkörper mit Verbandrollen umpolstern, ohne diesen dabei in die Wunde zu drücken,
- sofort den Arzt aufsuchen.

Situativer Ansatz: Schnittverletzung am Finger

Susanne, 4 Jahre, hat sich bei der Zubereitung eines Obstsalates im Kindergarten geschnitten - sie blutet.

Die Kinder sehen: Wenn ich mich schneide, verletze ich meine Haut. Sie blutet und schmerzt.

Die Kinderpflegerin Sabrina hat ein Pflaster griffbereit und klebt es fachgerecht auf Susannes blutenden Zeigefinger.

Sabrina erklärt den Kindern: Damit die Wunde vor Schmutz geschützt ist und das Blut aufgesaugt wird, klebe ich ein Pflaster auf.

Sie zeigt den Kindern, wie es geht.

Ein Kind stellt sich als „Verletzter" zur Verfügung. Die Kinderpflegerin „zeichnet" eine Wunde mit roter Kreide auf die Haut des Kindes. Sie zeigt genau, wie ein Pflaster richtig zu handhaben ist.

Die Kinder erhalten Übungspflaster und dürfen sich gegenseitig an den Fingern „verpflastern". Größere Kinder versuchen, Pflaster als Finger-kuppenverband oder als Ellbogenverband zuzuschneiden.

Möglichkeiten zur Vertiefung

1. Vergleich
- Betrachten der Haut einer Tomate und der Haut der Kinder mit z. B. einer Lupe,
- Anritzen der Tomatenschale – der Fruchtsaft läuft aus, die Tomate ver-dirbt schneller, ihre Haut wächst nicht zu,
- die menschliche Haut dagegen wächst wieder nach, sie heilt. Wir helfen ihr dabei, indem wir ein Pflaster aufkleben.

2. Erfahrungsberichte
Die Kinder berichten über selbst erfahrene Verletzungen ihrer Haut, z. B. Aufschürfungen, Schnittverletzungen usw.

3. Anschauungsmaterial zeigen
- Den Kindern verschiedene Pflasterarten anbieten und deren Qualitäten und Ausführungen aufzeigen,
- materialtypische Eigenschaften, wie glatt, rau, löchrig, durchsichtig, wer-den herausgefunden und daraus die Eignung abgeleitet.

4. Abbildungen zum Ausmalen anbieten
Fertigen Sie Zeichnungen von Haushaltsmitteln, eines Eisbeutels usw. an, die die Kinder ausmalen sollen.

5. Bilderbücher
Bücher mit passendem Inhalt auswählen und mit den Kindern besprechen.

1. Informieren Sie sich in der Apotheke über das Pflasterangebot.
2. Was gehört alles in einen Verbandskasten in der Einrichtung?
3. Üben Sie das Zuschneiden verschiedener Pflasterverbände. Legen Sie sich gegenseitig Pflasterverbände an.

Halten Sie bei hauswirtschaftlichen Angeboten immer einige Pflaster griffbereit.

Verbrennungen, Verbrühungen

Erste-Hilfe-Maßnahmen

- Brennende Kleidung sofort löschen oder ersticken,
- den verbrannten Körperbereich langsam mit fließend kaltem Wasser abkühlen, mindes-tens 20 Min. lang,
- danach verbrannte Kleidung vorsichtig entfernen, evtl. die Verbrennung nochmals mit Wasser kühlen,
- eingebrannte Kleidungsstücke nicht entfernen,
- Brandwunde mit sterilem Material abdecken,
- Vitalfunktionen überprüfen, Schockgefahr!
- Bei Verbrennungen ab 10% der Hautoberfläche bei Kindern besteht akute Lebensgefahr,
- Verbrühungen wie Verbrennungen behandeln, hier kann jedoch die Kleidung sofort entfernt werden,
- niemals Mehl, Öl, Puder, Salben o. Ä. auftragen!

Vergiftungen

Erste-Hilfe-Maßnahmen

1. Chemikalien:

- Mund- und Lippenbereich abwaschen, kaltes Wasser langsam trinken lassen,
- das Kind nicht zum Erbrechen bringen, jedoch bei eintretendem Erbrechen helfen,
- Erbrochenes und vorhandene Chemikalienreste aufbewahren und dem Arzt übergeben,
- Vitalfunktionen überprüfen,
- den Notruf tätigen, bei der Giftzentrale Beratung einholen.

2. Medikamente:

- Ruhig mit dem Kind sprechen, um Art und Menge des geschluckten Medikamentes zu erfahren,
- den Notruf tätigen,
- Restmenge des Medikamentes ermitteln, z. B. duch Zählen der Tabletten,
- diese Information sofort an den Arzt weitergeben und dessen Instruktionen abwarten,
- bei Bewusstlosigkeit s. Kap. 2.6.3.

3. Alkohol:

- Zuckerhaltiges Getränk verabreichen,
- das Kind hinlegen, evtl. die Seitenlage ausführen und beobachten,
- eine Schüssel für evtl. Erbrechen bereitstellen,
- bei Bewusstlosigkeit s. Kap. 2.6.3,
- den Notruf tätigen.

Verätzungen, z. B. der Haut, des Auges usw.

Erste-Hilfe-Maßnahmen

- Kleidung vorsichtig entfernen,
- verätzten Hautbereich unter fließend kaltem Wasser gründlich spülen,
- Einmalhandschuhe tragen,
- Verätzungsbereich steril abdecken,
- den Arzt verständigen.

Prellungen, Quetschungen, z. B. durch Stoß, Sturz, eingeklemmte Finger usw.

Erste-Hilfe-Maßnahmen

- Verletztes Körperteil ruhig stellen, bzw. hochlagern,
- kalte Kompressen auflegen (Eiswürfel, Gelkompressen, Beutel mit gefrorenen Erbsen),
- Finger unter fließend kaltes Wasser halten, evtl. kalte Kompressen auflegen, s.o.

Schwellungen durch Insektenstiche im Mund oder Rachenbereich

Erste-Hilfe-Maßnahmen

- Kühlen – sofort den Notarzt verständigen,
- dem Kind beruhigend zusprechen – Schockgefahr!

1. *Informieren Sie sich in entsprechender Fachliteratur und Fachbroschüren über weitere Kinderunfälle und die entsprechenden Erste-Hilfe-Maßnahmen.*
2. *Nennen Sie Verletzungen, bei denen das Kühlen eine wesentliche Sofortmaßnahme darstellt.*
3. *Wiederholen Sie die Notrufnummern und die Nummer der Giftzentrale.*

Weiterführende Literatur – Empfehlungen

Baum, H./Barff, U.	**Spielen mit allen Sinnen**, Falken ISBN 3-8068-4874-2
Daldrup/Schmitt	**Backbuch für Kinder**, Ravensburger, ISBN 3-473-37467-9
	Ernährungserziehung bei Kindern 3151, AID Postfach 200153, Bonn (1989)
Finkenzeller, A./ Hirmer, B./ Kuhn-Schmelz, G./ Wehfritz, R.	**Praxis- und Methodenlehre Sozialpädagogik für die Kinderpflege**, Stam, ISBN 3-8237-4290-6
Gräfin Schönfeldt, S.	**Kochbuch für Kinder**, Ravensburger, ISBN 3-473-37407-5
Jäckel, K.	**Mein Kind – sicher im Alltag**, GU Ratgeber Leben, ISBN 3-7742-2617-2
Kämpf, C.	**Finde den Weg**, Pestalozzi aktiv, ISBN 3-614-65601-2
Kämpf, C.	**Was fehlt denn hier**, Pestalozzi aktiv, ISBN 3-614-65602-0
Niederle, C.	**Methoden des Kindergartens**, 1.Teil, Landesverlag Druckservice Linz, Hafenstr. 1-3, A-4020 Linz
Press, J.	**Kinderfest**, Ravensburger ISBN 3-473-37222-6
Rafflenbeul, E./ Wessel, M./ vom Wege, B./ Weber, E.	**Kinderpflege und Erziehung**, Stam, ISBN 3-8237-8991-0
Rost, H.	**Rätsel für alle fünf Sinne**, Ravensburger Buchverlag ISBN 3-473-37228-5
Walter, G.	**Wasser – Die Elemente im Kindergartenalltag**, Herder, ISBN 3-451-22266-3
	Wir singen und spielen die schönsten Kinderlieder und Reime, Pestalozzi, ISBN 3-614-53082-5
Zeissner, G.	**Arbeitsbuch Kindergarten**, Stam, ISBN 3-8237-8078-6

Broschüren

Die neue Sicherheitsfibel
Bundeszentrale für gesundheitliche Aufklärung (Hrsg.), Köln 1992
Bestellnr. 11050000

Sicherheit für Ihr Kind – (k)ein Kinderspiel
Bayerisches Staatsministerium für Arbeit, Familie, Sozialordnung, 9. Aufl.,
München 1993
München 1992 RB Nr. 10/92/27
Zu beziehen über: Institut für Arbeitsschutz, München, Pfarrstraße

Kindersicher – Elterninfo Kind
AOK München, Wirtschaftsdienst Gesellschaft für Medien und Kommunikation
GmbH & Co OHG, Lange Straße 13, 60311 Frankfurt/Main

Literaturverzeichnis

AOK (Hrsg.)

Elterninfo Kind. „Kindersicher" – Erste Hilfe bei Kindern, Bestellnr. W 787 Januar 1995

BAGUV (Hrsg.); Kunz, Torsten

„Voraussetzungen und Möglichkeiten der Sicherheitserziehung im Kindergarten", Bestell Nr. GUV 57.1.32

BAGUV (Hrsg.); Schützinger, Resi

„Vorschulbriefe" zur Unfallverhütung und Sicherheitserziehung – Wahrnehmen von Gefahren, Bestell Nr. GUV 57.2.188 Elementarbereich

BAGUV (Hrsg.)

„Anleitung zur Ersten Hilfe bei Unfällen", Bestell Nr. GUV 20.5. April 1992

BAGUV – Dr. Konrad Leube (Hrsg.)

Pluspunkt. Fachzeitschrift (Lehrerinformation zur Sicherheitserziehung und Unfallverhütung, München)

Bayerisches Staatsministerium für Arbeit, Familie und Sozialordnung, Abt. II, München (Hrsg.)

„Sicherheit für Ihr Kind – (k)ein Kinderspiel". Ein Ratgeber für Eltern und Erzieher, München 1992

Bayerisches Rotes Kreuz (Hrsg.) Malteser Hilfsdienst e.V., (Hrsg.)

„KINO" – Kindernotfälle, München „Erste Hilfe" Erkennen. Beurteilen. Handeln, Köln 1989, Bestell Nr. 229 101

Sachwortverzeichnis

-wahrnehmung *87*
-zeichen *87*
Gefühle *8 f.*
- Neugierde *9*
- Staunen *9*
- Begeisterung *9*
- Freude *9, 14*
Gegenstände *10, 12, 47, 66, 91*
Gemeinschaft *16*
Gemüsesuppe *18*
Geräte *13, 24, 30, 40*
Geräusche *14*
Gericht *16 f.*
Geschirrspülen *8, 60 f.*
Geschmack *17, 26, 74*
Gesundheit *9, 17*
Getränk *16*
Giftzentrale *108*
Gliederung *52, 60, 66, 74*
Grobziel *12, 52, 60, 66, 74*
Grundregel *54*
Gruppe *27, 53, 61, 75*
- Größe *23*
- Ganztagsgruppen *25*
- Zusammensetzung *26*
- Atmosphäre *41*

H

Hauptteil *39, 51, 55, 61, 68, 75*
Hauptunfallarten *80*
Haustiere *80*
Hygiene *53, 55 ff., 61, 67 f., 75*
- Regeln *13, 29, 40*

J

Jahresplan *16*
Jahreszeit *31*

K

Kindergarten *79*
Kompresse *105*

Konzentrationsfähigkeit *25, 87*
Körper *16*
Krankenhaus *95*
Krippenkinder *26*

L

Lebensmittel *13, 24, 27, 31, 52, 56, 74*
Lernerfahrungen *17*
Lerninhalt *254 ff., 61 ff., 67 ff.*
Lied *32, 48*

M

Materialien *10, 13, 14, 23, 52 ff., 60, 74*
Materialeigenschaften *13, 74*
Maßeinheiten *13*
Methode *54 ff., 61 ff., 67 ff.*
- Aufbau *30*
Monatsplan *16*
Motivation *25, 30, 54*
Muttertag *16*

N

Nahrungszubereitung *15*
Nasenbluten *105*
Natur *15, 16, 17*
Notruf *95, 109*

O

Ordnen *13, 60*
Ordnung *85*

P

Pädagogischer Wert *50*
Planung *30*
Pflaster *104, 107*
Prellungen *109*
Puzzle *42*

Q

Qualitätsmerkmale *10, 14, 67*
- Geruch *14*
- Geschmack *14*
Qualitätsmängel *10*
Quetschen *20, 109*

R

Rahmenplan *16, 31, 60, 66*
- Rahmenthema *17, 52, 74*
Rätsel *38, 48*
Raum *53, 61, 75*
Reflexion *66*
Reim *36, 48*
Regeln *64 f.*
Rettungsdienst *95*
Rettungskette *95*
Rezepte *16, 17, 22, 52, 91*
Rhythmus *14*
Rollenspiel *23, 39, 52, 53*
Routinearbeiten *7*
Rührteig *66 f.*

S

Schneiden *80*
Schnittverletzung *107*
Schock *97, 108*
-auslöser *97*
-bekämpfung *97*
-lagerung *96*
-kennzeichen *97*
Schule *22 f., 28*
Schutzkleidung *29 f.*
Schwellungen *109*
Selbstständigkeit *26, 55 f., 62 f., 70*
Selbsttransfusion *98*

Bildquellenverzeichnis

Bayerisches Staatsministerium für Arbeit und Sozialordnung, Familie, Frauen und Gesundheit
Deutsche Gesellschaft für Hauswirtschaft
Michael Seifert, Hannover
Cordula Drewes, Bochum